Workbook/Laboratory Manual/Video Manual

Rapports

An Introduction to French Language and Francophone Culture
Fifth Edition

Joel Walz
University of Georgia

Jean-Pierre Piriou
University of Georgia

Kathy Marshall Pederson
Wheaton College

HOUGHTON MIFFLIN COMPANY   Boston   New York

Publisher: Rolando Hernández
Sponsoring Editor: Randy Welch
Development Editor: Susan Abel
Assistant Editor: Judith Bach
Editorial Assistant: Patricia Osborne
Project Editor: Harriet C. Dishman
Senior Manufacturing Coordinator: Priscilla J. Bailey
Associate Marketing Manager: Claudia Martínez

Printed in the U.S.A.

ISBN: 0-618-23996-0

6 7 8 9- PO -12 11 10 09 08

Table des matières

Exercices de vidéo 309

To the Student

The *Workbook/Laboratory Manual/Video Manual* for **Rapports,** Fifth Edition, contains exercises and activities that reinforce the material in the corresponding chapter of the textbook. Each chapter has three sections—workbook exercises, laboratory activities, and video exercises.

The Workbook Sections

Each *Workbook* section (**Travaux écrits**) includes a variety of exercises designed to develop your writing skills. Some have fixed responses; others allow you to write your own ideas; still others ask you to draw conclusions about illustrations and about documents written for native speakers of French. Each *Workbook* section ends with a special part entitled **Ecrivons.** It offers you a choice of composition topics that give you the opportunity to express yourself more freely in French.

The Laboratory Manual Sections

Each *Laboratory Manual* section (**Manuel de laboratoire**) is designed to be used in conjunction with the Audio CD Program of **Rapports,** Fifth Edition. The laboratory pages will guide you through the audio program in several ways. First, an introductory paragraph states that the dialogue or other opening text of the corresponding textbook chapter is recorded twice—once for listening practice and once for repetition purposes. The laboratory pages then provide you with the explanatory part of the textbook's pronunciation section so that you may reread it before repeating the exercises after the speaker. Working through these two parts will improve your pronunciation and expression in French.

A series of listening exercises and activities then follows for each grammar point in the corresponding textbook chapter. Some ask you to respond orally to cues you hear; others are based on written cues; still others require you to write a word, phrase, or sentence. In addition, several activities are built around illustrations, enabling you to connect the French you hear directly with its meaning. The laboratory pages contain all of the direction lines, model sentences, writing spaces, and cues for these exercises and activities, making it unnecessary for you to refer to your textbook when listening to the recording.

The recorded material for each chapter of **Rapports** concludes with two additional listening-and-writing activities for which the writing spaces and/or written cues are provided on the laboratory pages. In the **Dictée,** you will first listen to and then write a series of related sentences, a letter, a monologue, or other type of text. In the **Compréhension** activity, you will hear a passage, such as an interview, a dialogue, or a narrative, on which you will subsequently do a comprehension check. The **Dictée** and **Compréhension** are designed to develop your overall listening comprehension skills and are thematically related to the opening text and **Lecture culturelle** of the corresponding textbook chapter. In light of this, you may want to wait until you have studied the entire chapter before working through these activities.

The Video Manual Sections

Each section of video exercises (**Exercices de vidéo**) begins with pre-viewing activities (**Avant de regarder!**) to give you background information to better understand the video before you watch it. Then after you watch the video, fill out the **Regardons!** and **Après avoir regardé!** activities to verify your comprehension.

The Review Sections

As in the textbook, a Review (**Révision**) section appears in the *Workbook* and *Laboratory Manual* sections after every three chapters. Each **Révision** section in the *Workbook* part provides a series of interesting and challenging activities to reinforce the vocabulary and structures you have learned in the preceding chapters. In the *Laboratory* part, each **Révision** section features activities to give you a cumulative listening experience. Here, the **Dictées** take on the form of brief narratives, monologues, or letters; the **Compréhension** passages include paragraphs, conversations, and interviews.

This *Workbook/Laboratory Manual/Video Manual* is closely integrated with your textbook. We feel that this feature of the ***Rapports*** program will help you achieve a better grasp of the French language. We hope that using the *Workbook/Laboratory Manual/Video Manual* to build on what you learn in class will improve your listening, speaking, and writing skills and your overall ability to communicate in French.

Joel Walz

Jean-Pierre Piriou

Travaux écrits

CHAPITRE PRELIMINAIRE

Bonjour!

French spelling

Since French and English are languages that are fairly closely related, you will recognize immediately a substantial number of French words. Once you learn to recognize standard prefixes and suffixes, you will know even more words. Often French and English nouns and adjectives differ only by a letter or two or perhaps an accent mark.

First, see if you can recognize the following words, all of which you will learn to use in this course; then write them in English. Circle the difference(s) in spelling.

1. professeur _____

2. incompétent _____

3. chocolat _____

4. banque _____

5. adresse _____

6. salade _____

7. classique _____

8. rapide _____

9. appétit _____

10. appartement _____

11. hôpital _____

12. laboratoire _____

CHAPITRE 1

La vie universitaire

I. Nouns and definite articles

A. Identify the objects and people in the pictures below and on page 6 by writing the French word and the correct definite article next to each number.

1. _____   4. _____

2. _____   5. _____

3. _____   6. _____

7. _____   10. _____

8. _____   11. _____

9. _____   12. _____

B. Change the following articles and nouns to the plural.

1. l'affiche _____

2. la radio _____

3. la femme _____

4. l'amie _____

5. le bureau _____

6. la fenêtre _____

C. Change the following articles and nouns to the singular.

1. les crayons _____

2. les enfants _____

3. les clés _____

4. les cours _____

5. les amis _____

6. les alphabets _____

Name _____ Section _____ Date _____

II. Subject pronouns and *-er* verbs

A. Write the appropriate form of the verb **jouer** for each subject.

1. tu _____

2. Patricia _____

3. nous _____

4. elles _____

5. vous _____

6. je _____

7. Pierre et Isabelle _____

8. il _____

B. Describe the activities pictured below, using the subject pronouns given.

MODEL: elle *chante*

1. je _____   4. tu _____

2. on _____   5. elles _____

3. nous _____   6. vous _____

C. Write a complete sentence with each of the following word groups.

1. étudiante / continuer / dialogue _____

_____

2. étudiants / aimer / français _____

_____

3. Nous / parler / bien _____

4. Vous / terminer / livres _____

5. On / manger / beaucoup _____

III. Yes-or-no questions

A. Change the following statements to questions using **Est-ce que**.

1. Jacques aime le livre. _____

_____

2. Vous habitez en France. _____

_____

3. Ils écoutent les CD. _____

_____

4. Elle étudie beaucoup. _____

5. Philippe joue avec les enfants. _____

_____

6. Elles travaillent à Paris. _____

_____

B. Rewrite each question using **n'est-ce pas.**

MODEL: Est-ce que vous aimez les CD?

Vous aimez les CD, n'est-ce pas?

1. Vous parlez français? _____

2. Est-ce que tu fumes beaucoup? _____

_____

3. Est-ce qu'on mange bien ici? _____

_____

4. Elle termine la leçon? _____

5. Est-ce que je chante bien? _____

_____

6. Ils regardent la carte? _____

_____

C. Write six questions you might ask about the picture below.

1. _____

2. _____

3. _____

4. _____

5. _____

6. _____

IV. Numbers from 0 to 20

A. Write out the following numbers.

1. 0 _____

2. 2 _____

3. 5 _____

4. 8 _____

5. 10 _____

6. 11 _____

7. 13 _____

8. 15 _____

9. 16 _____

10. 19 _____

B. Write the following math problems and include answers.

1. $1 + 9 =$ _____

2. $3 + 4 =$ _____

3. $6 + 7 =$ _____

4. $20 - 14 =$ _____

5. $18 - 11 =$ _____

6. $12 - 10 =$ _____

Name _____ Section _____ Date _____

Ecrivons (*Let's write*)

A. Using vocabulary you have already learned, write five questions that you would like to ask a classmate or your teacher.

1. _____

2. _____

3. _____

4. _____

5. _____

B. Write five sentences to describe things you do, using vocabulary and **-er** verbs that you have learned.

1. _____

2. _____

3. _____

4. _____

5. _____

CHAPITRE 2

La famille et les amis

I. Negation

A. Rewrite the following sentences in the negative.

1. Ils travaillent ici. _____

2. Elle invite la cousine de Patricia? _____

_____

3. Nous détestons le grand-père de Chantal. _____

_____

4. J'aime Paris. _____

5. Tu chantes bien. _____

6. Vous étudiez avec la sœur de Jacques? _____

B. Des opinions. Make sentences using the following words. Then correct the sentences that are not true.

MODEL: On / regarder / la télévision / en classe
         On regarde la télévision en classe.
         Non, on ne regarde pas la télévision en classe.

1. Nous / étudier / à Montréal _____

_____

2. Je / travailler / beaucoup _____

3. Nous / étudier / l'anglais / en cours _____

_____

4. Je / adorer / le jazz _____

5. Le prof / parler / anglais avec les étudiants _____

_____

6. Nous / aimer / fréquenter les boîtes _____

_____

7. Les garçons / écouter / les CD de Céline Dion _____

_____

8. Tu / habiter / l'université _____

C. Write a sentence for each activity shown in the picture below to indicate what the young man on the right is *not* doing.

MODEL: *Il ne fume pas.*

1. _____

2. _____

3. _____

4. _____

5. _____

6. _____

Name _____ Section _____ Date _____

D. Write four things that you do *not* do. Use complete sentences.

MODEL: *Je ne fréquente pas les cafés.*

1. _____

2. _____

3. _____

4. _____

II. The verb *être*

A. Form a complete sentence from each of the following word groups.

1. Elle / être / américain _____

2. Tu / ne / être / pas / journaliste _____

3. Nous / être / français / n'est-ce pas? _____

_____

4. Tu / ne / être / pas / médecin, / Jacqueline _____

_____

5. Je / être / architecte _____

6. Vous / être / allemand _____

B. Translate the following sentences.

1. I am an author. _____

2. She is here. _____

3. We are with the young people. _____

_____

4. Patricia is in English class. _____

_____

5. The artists are at the café. _____

_____

6. They aren't diplomats. _____

III. Descriptive adjectives

A. Describe the following nouns or pronouns using **être** and the adjectives given.

MODEL: professeur / intéressant
Le professeur est intéressant.

1. français / difficile _____

2. enfants / charmant _____

3. Nous / malade _____

4. leçon / facile _____

5. porte / fermé _____

6. Elles / fatigué _____

7. université / ancien _____

8. musique classique / ennuyeux _____

B. Make the following sentences plural.

1. L'ingénieur est compétent. _____

2. Le garçon n'est pas sérieux. _____

3. La question est stupide. _____

4. La petite amie de Patrick est française. _____

_____

5. Le match de football est fascinant. _____

_____

6. La femme est généreuse. _____

7. Le copain de Paul est studieux. _____

8. L'agent de police n'est pas poli. _____

_____

Name _____ Section _____ Date _____

C. Describe more fully the following people by rewriting each sentence to insert the adjective in parentheses.

MODEL: Les neveux de Gilles sont ici. (allemand)
Les neveux allemands de Gilles sont ici.

1. La femme fréquente les boîtes. (riche) _____

_____

2. Les acteurs aiment beaucoup Hollywood. (ambitieux) _____

_____

3. La journaliste explique bien le match de football. (compétent) _____

_____

4. Les enfants n'écoutent pas leurs (*their*) parents. (indépendant) _____

_____

5. Les filles adorent le rock. (moderne) _____

_____

6. Le garçon déteste les sports. (paresseux) _____

_____

D. Tell how you feel about the following people and things by choosing one of the adjectives suggested or by supplying one of your own.

MODEL: agents de police: courageux / timide
Les agents de police sont courageux.

1. belles-mères: agréable / désagréable _____

2. professeur: intéressant / ennuyeux _____

3. français: formidable / affreux _____

4. étudiants: studieux / paresseux _____

5. journalistes: sincère / hypocrite _____

6. Français (*pl.*): sympathique / froid _____

7. enfants: poli / méchant _____

8. exercices: facile / difficile _____

IV. Numbers from 21 to 69 / Ordinal numbers

A. Write in words the following math problems.

1. 22 + 15 = _____

2. 31 – 10 = _____

3. 39 ÷ 3 = _____

4. 21 × 2 = _____

5. 54 + 15 = _____

6. 68 ÷ 4 = _____

B. Write out the following ordinal numbers in French.

1. first _____

2. ninth _____

3. eleventh _____

4. fifteenth _____

5. twentieth _____

6. twenty-sixth _____

7. thirty-first _____

8. forty-second _____

9. fiftieth _____

10. fifty-eighth _____

C. Finish writing the following checks for the amount indicated in the upper right-hand corner by writing out the number on the first long line after the word **assimilé.**

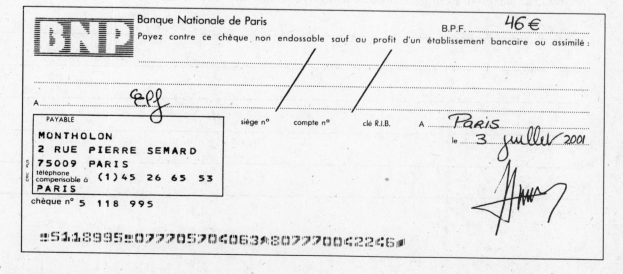

Ecrivons

A. State your likes and dislikes. List at least five things that you enjoy doing and five things you don't like to do.

_____

_____

_____

_____

_____

B. Describe yourself or your friends. Use the adjectives listed in the textbook. For example, start your description with **Je...**, **Mon ami Robert...**, or **Mon amie Julie....**

_____

_____

_____

_____

_____

C. Name places where you like to go (**aimer fréquenter**), and places where you do not like to go. Provide at least two examples of each, using vocabulary that you already know.

_____

_____

_____

_____

_____

CHAPITRE 3

Au restaurant

I. Indefinite and partitive articles

A. Fill in each blank with the correct form of the indefinite or partitive article.

1. _____ eau

2. _____ frère

3. _____ confiture

4. _____ beurre

5. _____ légumes

6. _____ fromage

7. _____ lait

8. _____ nièces

9. _____ cousine

10. _____ boissons

11. _____ soupe

12. _____ hamburger

B. Translate the following sentences.

1. Do you want some beer? _____

2. We don't eat meat; we like vegetables. _____

_____

3. Here is some salt. _____

4. Do you order lamb or chicken with couscous? _____

_____

5. Is she looking at photos or maps? _____

_____

6. He is shutting the windows. _____

C. Name three things that you would like to own.

Je voudrais avoir _____

_____

II. The irregular verb *avoir* / Expressions with *avoir*

A. Fill in each blank with the appropriate form of **avoir.**

1. Quel âge _____-vous?

2. Est-ce que tu _____ une affiche?

3. Il n' _____ pas de sœur?

4. Elles _____ du talent.

5. J' _____ chaud!

6. Nous n' _____ pas raison.

B. Make a complete sentence from each word group.

1. Monique / avoir / talent _____

2. étudiants / ne / avoir / pas / cours _____

_____

3. Est-ce que / vous / avoir / frère? _____

_____

4. Pierre / avoir / 16 / ans _____

5. Nous / ne / avoir / pas / faim; / nous / avoir / soif! _____

_____

6. Il / y / avoir / jus de fruit / sur / table _____

_____

C. Chez les Dupont. Describe what family members have by replacing the verb with **avoir.**

MODEL: Je bois de l'eau.
            J'ai de l'eau.

1. Les enfants écoutent des CD. _____

2. Vous mangez du pain. _____

3. Le mari commande du vin rouge. _____

4. Les grands-parents montrent des photos. _____

    _____

5. Je prépare du thé. _____

6. Est-ce que tu invites des cousins? _____

D. Write a sentence about each of the following drawings using an expression with the verb **avoir.** Follow the model.

MODEL: *Il n'a pas de talent.*

1. _____   2. _____

    _____   _____

3. _____

_____

4. _____

_____

5. _____

_____

6. _____

_____

E. Write the French equivalent for each of the following sentences.

1. Is she right? _____

2. Are you cold? _____

3. He is hot. _____

4. We don't have any coffee. _____

5. Is there any ice cream? _____

6. How old are you? _____

III. Use of articles

A. Rewrite each word for food with the correct definite and partitive (or indefinite) articles.

MODELS: poisson
le poisson, du poisson

fruits
les fruits, des fruits

1. lait _____

2. sucre _____

3. pizza _____

4. eau _____

5. légumes _____

6. vin _____

7. thé _____

8. café _____

B. Fill in the blanks with the correct form of the definite, indefinite, or partitive article according to the meaning of the sentence.

1. J'aime _____ salade.

2. Est-ce que tu désires _____ eau minérale?

3. _____ enfants adorent _____ glace.

4. Ils ne mangent pas _____ couscous.

5. Elle a _____ confiture anglaise.

6. Je déteste _____ sucre.

7. Il n'aime pas _____ vin. Tu as _____ bière?

8. Elles apprécient _____ vin français.

Chapitre 3   **25**

C. How do you feel about . . . ?

Vous adorez... ?   Vous appréciez... ?
Vous aimez... ?   Vous détestez... ?
Vous n'aimez pas... ?

1. le coca _____

2. l'université _____

3. la télévision _____

4. la bière _____

5. les enfants _____

6. la musique classique _____

7. le cours de français _____

8. les avocats _____

IV. The imperative

A. Write the three imperative forms of the following verbs.

tu   vous   nous

1. écouter _____

2. continuer _____

3. étudier (*make negative*) _____

4. commencer _____

5. avoir _____

6. être _____

Name _____ Section _____ Date _____

B. Rewrite the following sentences in the imperative.

1. Tu ne manges pas de pain. _____

   _____

2. Nous étudions avec Maude. _____

   _____

3. Vous ne fumez pas ici. _____

   _____

4. Tu ne regardes pas la télévision aujourd'hui. _____

   _____

5. Vous êtes prudentes. _____

   _____

6. Nous parlons anglais en cours. _____

   _____

C. Write five commands that you would like to give your teacher.

MODEL: *Ayez de la patience! Ne soyez pas paresseux!*

   _____

   _____

   _____

   _____

   _____

Ecrivons

A. List five things that you would order if you were attending a dinner for a special occasion.

Je voudrais _____

_____

B. List five possessions that you are most proud of. Write a complete sentence using the verb **avoir**.

_____

_____

C. Write a brief paragraph stating several things that you feel strongly about.

MODEL: *Je déteste l'alcool.*
J'adore la glace.

_____

_____

_____

_____

_____

_____

REVISION A

Chapitres 1 à 3

A. Fill in each blank with the appropriate word from the list.

êtes	fenêtre	boissons	avez
boîtes	avocat	auteur	oncle
garçon	cousin	froid	acteur

1. L(e) _____ de *Hamlet* est William Shakespeare.

2. La fille parle à un autre étudiant—un _____ de son âge.

3. La bière, le thé et l'eau sont des _____.

4. Si on aime danser, on fréquente des _____.

5. Perry Mason est _____.

6. Le fils de ma tante est mon _____.

7. On ferme la _____ quand on a _____.

8. Vous _____ dix-huit ans?

B. Match each word in the column on the left with its antonym (opposite) on the right. Write the answer in the space provided.

1. tort _____ a. neveu

2. fermé _____ b. femme

3. homme _____ c. ennuyeux

4. facile _____ d. raison

5. désagréable _____ e. difficile

6. intéressant _____ f. dernier

7. nièce _____ g. sympathique

8. premier _____ h. ouvert

C. Match the words in the two columns that are related. Write the answer in the space provided.

1. apprécier _____   a. garçon

2. sympathique _____   b. agréable

3. beurre _____   c. CD

4. musique _____   d. vin

5. ami _____   e. crayon

6. alcool _____   f. camarade

7. stylo _____   g. aimer

8. restaurant _____   h. crème

D. Write a question and answer that contain each of the following words once.

1. regarder _____

_____

2. boîte _____

_____

3. confiture _____

_____

4. méchant _____

_____

5. musique moderne _____

_____

Name _____ Section _____ Date _____

E. Write a ten-line dialogue based on the following picture.

_____

_____

_____

_____

_____

_____

_____

_____

_____

_____

Révision A   **31**

CHAPITRE 4

Les voyages

I. *A* and *de* with definite articles

A. Fill in each blank with the appropriate preposition, article, or preposition plus article.

1. Il est _____ restau-U.

2. Elle est loin _____ banque.

3. J'habite derrière _____ église.

4. Ils sont à côté _____ théâtre.

5. Elles parlent _____ enfants.

6. Nous n'avons pas les stylos _____ professeur.

7. Je suis devant _____ magasin.

8. Tu étudies _____ chambre?

9. Vous êtes près _____ cinéma.

10. Voici les livres _____ étudiants.

Chapitre 4 **33**

B. Write a sentence to indicate the location of the people pictured below.

MODEL: Un homme
         Un homme est devant la porte.

1. Jacques _____

2. Marie _____

3. L'enfant _____

4. Eric _____

5. M. Belcour _____

6. L'agent de police _____

C. Describe your neighborhood or town, locating the following places: **la pharmacie, le lycée, la banque, la bibliothèque, le cinéma.**

1. _____

2. _____

3. _____

4. _____

5. _____

Name _____ Section _____ Date _____

II. *Aller* / The *futur proche*

A. Translate the following expressions.

1. How are you? (*familiar*) _____

2. We are fine. _____

3. Go ahead! (*formal*) _____

4. Shall we go? _____

B. Rewrite the following sentences in the **futur proche.**

1. Il habite à Montréal. _____

2. Nous arrivons en classe ensemble. _____

_____

3. Le professeur ne donne pas de devoirs. _____

_____

4. Je voyage avec Jacqueline. _____

5. Vous êtes fatigués? _____

6. Tu n'as pas froid? _____

C. Write what plans people have for next weekend by forming complete sentences with the words given and the **futur proche.**

1. Marie / étudier / français _____

2. prof / voyager _____

3. parents de Julie / inviter / cousins _____

_____

4. camarades de Chantal / aller / bibliothèque _____

_____

5. Charles / regarder / télé _____

6. Je / visiter / musée _____

D. Tell what will logically follow the statements given below. There are several possibilities, so use your imagination.

MODEL: Marc a beaucoup de devoirs.
Il va rester à la maison.

1. Jean a faim. _____

2. Les étudiants terminent les devoirs. _____

_____

3. J'adore les sports. _____

4. Nous travaillons tous les jours. _____

_____

5. Elles aiment bien les films français. _____

_____

6. Vous êtes paresseux. _____

_____

E. Make a list of five sentences describing what you are going to do or not going to do tomorrow.

MODEL: _Je ne vais pas aller en cours._

1. _____

2. _____

3. _____

4. _____

5. _____

Name _____ Section _____ Date _____

III. Articles and prepositions with place names

A. Fill in each blank with a preposition or a definite article.

1. Genève est _____ Suisse.

2. Il va visiter _____ Espagne et _____ Portugal.

3. Allez-vous voyager _____ Amérique?

4. Elles travaillent _____ Bruxelles.

5. _____ Canada est un pays fascinant.

6. Elles habitent _____ Brésil.

7. Nous allons _____ Danemark.

8. Elle va étudier _____ Chine.

9. _____ Niger, on parle français.

10. _____ Mali est _____ Afrique.

B. Use each group of words to write a sentence.

1. Nous / aller / visiter / Italie _____

   _____

2. Paris / on / trouver / restaurants / mexicains _____

   _____

3. Danemark / et / Portugal / être / Europe _____

   _____

4. Marc et Pierre / aller / La Havane _____

   _____

5. Il y a / Français / Canada _____

   _____

6. Mozambique / et / Sénégal / être / Afrique _____

   _____

C. Write where the following people live.

MODEL: Jacques Chirac   *Il habite en France.*

1. Juan Carlos _____

2. Prince Charles _____

3. Sophia Loren _____

4. Gerhard Schroeder _____

5. Pelé _____

6. Isabelle Huppert _____

7. Hillary Clinton _____

8. Jean Chrétien _____

D. List five countries that you would like to visit in their order of importance to you and give a reason why.

MODEL: *Je voudrais visiter le Brésil parce que j'aime les plages.*

1. _____

_____

2. _____

_____

3. _____

_____

4. _____

_____

5. _____

_____

Name _____ Section _____ Date _____

IV. Numbers from 70 to 1,000,000,000

A. Write the following numbers.

75 _____

777 _____

900 _____

15.514 _____

123.460 _____

_____

1.246.789.253 _____

_____

B. Write the following math problems with answers.

MODEL: 30 – 12 =
          Trente moins douze égalent dix-huit.

1. 72 + 97 = _____

_____

2. 84 + 94 = _____

_____

3. 100 – 16 = _____

_____

4. 216 – 18 = _____

_____

5. 485 – 96 = _____

_____

6. 10.215 + 154.867 = _____

_____

C. Do you know Roman numerals? Write the six numbers below, using the following guide for help.

I	un	L	cinquante	D	cinq cents
V	cinq	C	cent	M	mille
X	dix				

1. CCCXI _____

2. DLXXXI _____

3. DCLXXV _____

4. DCCXLVIII _____

5. CMLXXI _____

6. CMXCV _____

D. You are traveling in the **Pyrénées** region of southwestern France. Write which road you would take to get from one city to the other.

MODEL: Carcassonne—Narbonne: 113

On va de Carcassonne à Narbonne par la route cent treize.

1. Gaillac—Montauban: 99 _____

_____

2. Lautrec—Graulhet: 83 _____

_____

3. Perpignan—Argelès: 114 _____

_____

4. Lourdes—Pau: 637 _____

_____

5. Fleurance—Nerac: 654 _____

_____

6. Toulouse—Albi: 88 _____

_____

Name _____ Section _____ Date _____

E. Translate the following expressions.

1. fifty-nine million French people _____

2. two hundred sixty million Americans _____

3. one billion euros _____

4. thirty-five hundred euros _____

5. a thousand students _____

6. a hundred thousand books _____

Ecrivons

A. Write a brief composition by answering the following questions.

Comment est-ce que vous vous appelez? Où est-ce que vous habitez? Où habitent vos parents? Est-ce que vous aimez voyager? Où est-ce que vous désirez voyager? Avec qui? (*With whom?*) Quels pays et quelles villes est-ce que vous allez visiter? Est-ce que vous désirez travailler en Europe? en Afrique? Où?

_____

_____

_____

_____

_____

_____

_____

B. Vous aimez mieux les vacances d'été (*summer*) ou les vacances d'hiver (*winter*)? Pourquoi?

_____

_____

_____

_____

C. Est-ce que vous aimez mieux passer des vacances seul(e) ou avec beaucoup de gens (*people*)? Où est-ce que vous allez pour être seul(e) et pour être avec beaucoup de gens?

_____

_____

_____

_____

_____

CHAPITRE 5

Le monde francophone

I. The verb *faire*

A. Use each group of words to write a sentence.

1. Est-ce que / vous / faire / achats? _____

_____

2. Nous / faire / courses / France _____

3. Paul / faire / queue / devant / magasin _____

_____

4. Il / ne / faire / pas / chaud; Paul / porter / manteau _____

_____

5. Voilà / chaussures / pour / faire / sport _____

_____

6. Faire / attention! / vêtements / être / cher / Europe _____

_____

B. What do you do in the following situations?

MODEL: Vous terminez le dîner.
   Je fais la vaisselle.

1. C'est le week-end, et vous êtes fatigué(e). _____

_____

2. Vos parents arrivent demain. _____

_____

3. Vous arrivez au cinéma et il y a cinquante étudiants devant la porte. _____

_____

4. Il n'y a pas de nourriture dans votre frigidaire. _____

_____

5. Il fait beau et chaud. _____

_____

6. Votre maillot de bain est trop petit. _____

_____

C. Translate the following sentences into French.

1. I hate to do housework. _____

2. Are you going to do the dishes? _____

_____

3. No, Catherine and I are going to do some errands. _____

_____

4. Isn't it too hot? _____

5. No, the Morins are taking a walk now. _____

_____

6. They aren't on a diet! _____

D. Describe each of the actions below with a sentence using the verb **faire.** Follow the model.

MODEL: *Il fait ses valises.*

1. _____

2. _____

3. _____

4. _____

5. _____

6. _____

II. The *passé composé*

A. Change the following sentences to the **passé composé.**

1. J'emporte des vêtements de plage. _____

_____

2. L'imperméable de Marc coûte très cher. _____

_____

3. Tu portes une cravate tous les jours? _____

_____

4. Je cherche une chemise blanche. _____

_____

5. Vous apportez un maillot de bain? _____

_____

6. Je trouve les lunettes de soleil de Christine dans la voiture. _____

_____

B. Rewrite each sentence using the cue in parentheses.

1. Il étudie à la bibliothèque. (Hier,...) _____

_____

2. Nous faisons un tour. (... la semaine dernière.) _____

_____

3. Vous faites du sport? (... l'été dernier?) _____

_____

4. Ils terminent les bagages. (... déjà...) _____

_____

5. J'ai des amis à la maison. (... le week-end dernier.) _____

_____

6. Elles sont en vacances en Europe. (L'année dernière...) _____

_____

Name _____ Section _____ Date _____

C. Write a story in the **passé composé** using the suggestions below.

Georges Martin...

ne... pas être en classe hier / faire la grasse matinée / manger à midi / porter des vêtements chauds / faire une promenade dans le parc / avoir froid / trouver un café / commander une boisson chaude et parler avec le garçon / regarder la télévision

_____

_____

_____

_____

_____

_____

_____

_____

III. Possessive adjectives

A. Fill in each blank with the appropriate possessive adjective that corresponds to the English cue.

1. (*my*) _____Mon_____ tee-shirt
2. (*your*) _____tes_____ gants
3. (*his*) _____Son_____ sac
4. (*her*) _____Son_____ sac
5. (*their*) _____leurs_____ polos
6. (*your*) _____ton_____ jupe

7. (*our*) _____Nos_____ chaussures
8. (*your*) _____Votre_____ robe
9. (*our*) _____notre_____ parapluie
10. (*my*) _____mon_____ chemise de nuit
11. (*my*) _____Mon_____ pantalon
12. (*her*) _____Son_____ pyjama

B. Rewrite each sentence, replacing the italicized words with the correct possessive adjective.

1. J'ai trouvé les chaussures *de Lise.* _____

2. Elle a le pyjama *de M. Morin.* _____

3. Les chaussettes *des enfants* sont dans le sac. _____

4. Regardez la veste *du président.* _____

5. Je vais chercher la ceinture *de Gérard.* _____

6. Tu aimes le chemisier *de Claude.* _____

C. Complete the following sentences with your personal opinions.

1. _____ couleur préférée est le _____.

2. _____ restaurants préférés sont _____.

3. _____ livre préféré est _____.

4. _____ boisson préférée est _____.

5. _____ film préféré est _____.

6. _____ actrice préférée est _____.

IV. Stressed pronouns

A. Add emphasis to each sentence by using a stressed pronoun.

1. _____, je suis optimiste!

2. _____, elle a du talent!

3. Ils font du sport, _____!

4. Tu aimes porter des vêtements blancs, _____?

5. _____, nous allons faire un tour.

6. J'aime les pâtes, _____.

B. Fill in each blank with the stressed pronoun that corresponds to the English cue.

1. Il va faire des courses avec _____. (*them*)

2. Elle habite chez _____. (*our house*)

3. Je vais arriver sans _____. (*him*)

4. Avec _____, on n'est pas certain. (*them*)

5. Ne parlez pas anglais devant _____. (*us*)

6. Tu vas apporter les valises avec _____? (*you*)

C. Translate the following sentences using stressed pronouns.

1. *I*'m going to take my sunglasses. And you? _____

_____

2. Me? I'm going to work. _____

3. *Suzanne* is going to wear a blue skirt. _____

_____

4. Aren't you going to go with them? _____

5. No, they are going to go to France without me. _____

_____

6. This suitcase isn't theirs. _____

Ecrivons

A. Write a composition by answering the following questions.

Qu'est-ce que vous avez fait hier? Qu'est-ce que vous avez porté? Est-ce que vous avez fait la cuisine? Qu'est-ce que vous avez mangé? Vous avez étudié? Où? Quand est-ce que vous avez fait la vaisselle? Vous avez regardé la télévision avec vos amis? Comment est-ce que vous avez terminé votre journée (*day*)?

_____

_____

_____

_____

_____

_____

_____

_____

_____

B. What three things do you like to do under the following conditions?

1. Quand il fait beau, _____

_____

_____

2. Quand il fait très froid, _____

_____

_____

3. Quand je n'ai pas de cours, _____

_____

_____

C. Write a brief paragraph telling what clothing you like to wear and why. Try to embellish your description of the clothing by using adjectives of color.

_____

_____

_____

_____

_____

_____

_____

Name _____ Section _____ Date _____

CHAPITRE 6

Les transports

I. The *passé composé* with *être*

A. Des exilés célèbres. Many famous French people have become exiles for political or personal reasons. Identify the person with his place of exile by writing a sentence using the verb **aller.** Note that if the place is an island, the preposition **à** is used.

MODEL: Rimbaud   *Rimbaud est allé en Afrique.*

1. Victor Hugo   a. Belgique

2. Voltaire   b. Angleterre

3. De Gaulle   c. Jersey / Guernesey

4. Baudelaire   d. près de la Suisse

5. Napoléon   e. Tahiti

6. Gauguin   f. Sainte-Hélène

1. _____

2. _____

3. _____

4. _____

5. _____

6. _____

B. Match the following famous people with their birthplaces according to the choices provided.

MODEL: Michael J. Fox   *Il est né au Canada.*

1. Sinéad O'Connor   a. France

2. Juan Carlos   b. Italie

3. Sophia Loren   c. Pologne

4. Catherine Deneuve   d. Belgique

5. Quincy Jones   e. Espagne

6. Jacques Brel   f. Irlande

7. Jean-Paul II   g. Etats-Unis

1. _____

2. _____

3. _____

4. _____

5. _____

6. _____

7. _____

C. Laure va en France. Rewrite each sentence in the **passé composé.**

1. Laure arrive de Belgique en train. _____

_____

2. Moi, je reste à Paris. _____

3. Nous montons à la tour Eiffel. _____

_____

4. Ses parents vont en Espagne. _____

_____

5. Ils rentrent à 3 heures. _____

6. Nous, nous n'allons pas en vacances cette année. _____

_____

Name _____ Section _____ Date _____

D. En famille. Make complete sentences, adding any necessary words.

1. Mon / fils / naître / Montréal _____

_____

2. Il / commencer / école à 6 ans _____

_____

3. Nous / aller / France / en bateau / année dernière _____

_____

4. Mon / enfant / rester / Paris / trois ans _____

_____

5. Nous / rentrer / Canada / 9 heures _____

_____

6. Ma / famille / faire / voyage / Europe / été dernier _____

_____

E. Nos grandes vacances. Change the following sentences about summer vacation to the **passé composé.** Be sure to distinguish between verbs that take **être** and those that take **avoir.**

1. Vous allez en France cette année? _____

2. Oui, nous arrivons au début des vacances. _____

_____

3. Et nous ne restons pas à Paris. _____

_____

4. Nous visitons beaucoup de villes. _____

_____

5. Nos amis vont avec nous. _____

6. Ils font le voyage en autocar. _____

7. Nous montons en Hollande ensemble. _____

_____

8. Nous rentrons par Londres. _____

F. Questions personnelles.

1. A quelle heure est-ce que vous êtes rentré(e) hier soir? _____

_____

2. Est-ce que vous avez rencontré des amis? _____

_____

3. Est-ce que vous êtes déjà allé(e) à l'université à bicyclette? _____

_____

4. Quand est-ce que vous avez fait vos devoirs? _____

_____

5. Où est-ce que vous êtes allé(e) pour dîner? _____

_____

6. Vous êtes arrivé(e) en retard ce matin? _____

_____

II. Inversion and interrogative adverbs

A. Les voyages. Change the following sentences to questions with inversion.

1. Ils adorent les voyages en bateau. _____

_____

2. Elle n'est pas allée à la gare en taxi. _____

_____

3. Est-ce que vous montez souvent en avion? _____

_____

4. Vous faites vos valises, n'est-ce pas? _____

_____

5. Pierre n'arrive pas de New York en train. _____

_____

6. Les Américains vont en Europe en bateau. _____

_____

B. Sylvie et son mari. For each sentence, ask the question with inversion that elicits the italicized information.

1. Sylvie est née *en Belgique.* _____

2. Elle a *deux* enfants. _____

3. Elle va au travail *en métro.* _____

4. Son mari reste à la maison *parce qu'il ne travaille pas.* _____

_____

5. *La semaine prochaine,* ils vont aller voir leurs parents. _____

_____

6. Ils vont arriver chez eux *à deux heures de l'après-midi.* _____

_____

III. Verbs ending in -re

A. Qu'est-ce qu'on fait? Answer the following questions, using the words in parentheses.

1. Qui attendons-nous? (On... nos amis) _____

_____

2. Vous entendez cela? (Oui, nous... le téléphone) _____

_____

3. Tu veux répondre? (Non, Pierre... déjà...) _____

_____

4. Est-ce qu'ils ont rendu le film à Blockbuster? (Non, ils... plus tard) _____

_____

5. Très bien. Est-ce qu'ils peuvent apporter leur dernier CD? (Non, ils... perdre...) _____

_____

6. Tu es certain? (Oui, je... entendre Christine dire cela) _____

_____

_____

B. Ma voiture. Fill in each blank with the correct form of the appropriate verb from the list below.

rendre   vendre   perdre   répondre   entendre   attendre

1. Je ne vais pas _____ ma voiture à Eric.

2. Il _____ ma voiture à mon père hier.

3. Mon père lui a demandé de garder la voiture, mais il n'_____ pas

   _____!

4. Si j'_____ trop longtemps, personne ne va acheter la voiture.

5. Si tu _____ quelque chose, téléphone-moi!

6. Nous _____ déjà _____ trop de temps!

IV. Telling time

A. Write out the following times in French.

1. 12:15 P.M. _____

2. 1:25 P.M. _____

3. 6:30 P.M. _____

4. 11:45 P.M. _____

5. 4:10 A.M. _____

6. 9:35 A.M. _____

B. Le décalage horaire. The east coast of the United States is six hours behind France. If it is the following time in Paris, what time is it in New York? Write out the times in French.

1. 6:00 A.M. _____

2. 12:15 P.M. _____

3. 6:30 P.M. _____

4. 9:45 P.M. _____

5. 12:01 P.M. _____

6. 5:55 A.M. _____

Name _____ Section _____ Date _____

Ecrivons

A. A police inspector is investigating a case in your neighborhood. Answer her questions about your schedule for yesterday afternoon.

Où êtes-vous allé(e) après les cours? Combien de temps êtes-vous resté(e)? A quelle heure êtes-vous rentré(e) à la maison? Etes-vous monté(e) à l'appartement de vos amis? Avez-vous laissé la porte de votre appartement ouverte? Etes-vous descendu(e) dans la rue après 21 heures?

_____

_____

_____

_____

_____

_____

_____

_____

B. Récemment, qu'est-ce que vous avez vendu? perdu? rendu à des amis?

_____

_____

_____

_____

_____

C. Perdez-vous patience facilement? Avez-vous perdu patience récemment? Pourquoi?

_____

_____

_____

_____

_____

REVISION B

Chapitres 4 à 6

A. Complete the following sentences appropriately.

1. Pour avoir de l'argent, je vais à _____.

2. Nous avons vendu nos livres à _____ de l'université.

3. Je n'ai pas d'amis dans cette ville et je vais demander une chambre dans un

   _____.

4. Tiens! Je vais rendre mes livres à _____.

5. Si tu arrives par le train à 6 heures, je vais t'attendre à _____.

6. La _____ est pour les gens qui prennent souvent le métro parisien.

B. Fill in the blanks with an appropriate word or words.

1. Après le dîner, on fait la _____.

2. Je vais acheter des livres à la _____.

3. Je fais _____ jusqu'à midi parce que je suis paresseux.

4. Pierre n'est pas en retard; il est _____.

5. Le professeur porte une _____ avec sa chemise.

6. Cendrillon (*Cinderella*) est rentrée à la maison à _____.

C. Give the antonym (opposite) of the following words.

1. près de   _____

2. derrière   _____

3. déjà   _____

4. avec   _____

5. manger beaucoup   _____

6. dernier   _____

7. beaucoup   _____

8. hier   _____

9. sur   _____

10. penser à   _____

D. Fill in the boxes below to spell the names of the countries whose capitals are listed below.

ACROSS

1. Beijing
2. Vienne
3. Berne
4. Stockholm
5. Dublin
6. Brasilia

DOWN

1. Ottawa
7. Rome
8. Washington
9. Paris
10. Tokyo
11. Madrid

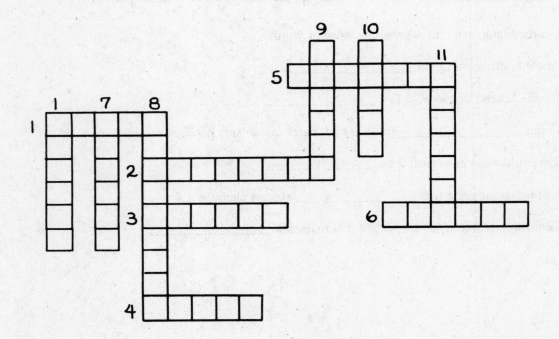

CHAPITRE 7

Au téléphone

I. Interrogative and demonstrative adjectives

A. Complétez les questions et réponses suivantes avec une forme de **quel** et **ce**.

MODÈLE: *Quel* CD avez-vous acheté?
          J'ai acheté *ce* CD-*ci*.

1. _____ cravate désirez-vous?

   Une cravate pour _____ costume.

2. _____ cadeau avez-vous trouvé?

   J'ai trouvé _____ sac-_____.

3. Dans _____ chambre étudiez-vous?

   Dans _____ chambre-_____.

4. Vous avez apporté _____ cassettes?

   J'ai apporté _____ cassettes.

5. Dans _____ restaurant aimez-vous dîner?

   Dans _____ restaurant-_____.

6. _____ Walkman aimez-vous mieux?

   J'aime mieux _____ Walkman-_____.

Chapitre 7   **61**

7. _____ télévisions recommande-t-on?

   On recommande _____ télévisions-_____.

8. Vous êtes arrivée dans _____ autobus?

   Je suis arrivée dans _____ autobus-_____.

B. Trouvez les questions qui (*which*) provoquent les réponses suivantes et écrivez-les (*write them*). Employez des adjectifs interrogatifs.

MODÈLE: J'aime ce CD.
         Quel CD aimez-vous?

1. Marie est arrivée à huit heures. _____

   _____

2. Je cherche le Walkman de Christine. _____

   _____

3. Louise a dix-huit ans. _____

4. Je vais visiter Nice. _____

5. Nous sommes allés à l'appartement 13A. _____

   _____

6. J'aime les Renault et les Citroën. _____

   _____

7. Elles habitent cette maison-là. _____

   _____

8. Nous aimons mieux les jeans et les pulls. _____

   _____

Name _____ Section _____ Date _____

C. Interview avec un critique de cinéma au Festival de Cannes. Voilà les réponses du critique; trouvez les questions du journaliste. Suivez le modèle.

MODÈLE: *Quels films aimez-vous?*
J'aime les films de Truffaut.

1. _____

J'admire les acteurs italiens.

2. _____

Nous allons regarder un film allemand cet après-midi.

3. _____

La France fait toujours des films extraordinaires.

4. _____

Je suis au Grand Hôtel.

5. _____

Les critiques dînent ensemble Chez Félix.

6. _____

J'ai étudié la cinématographie à l'Université de Montréal.

II. Verbs ending in *-ir*

A. Complétez les phrases suivantes avec un des verbes suivants.

réfléchir   servir   rougir   dormir   réussir   obéir

1. Qu'est-ce que vous _____ comme hors-d'œuvre?

2. Les étudiants vont _____ à l'examen.

3. Laure est toujours fatiguée. Elle _____ trois heures par jour.

4. Il est méchant. Il n(e) _____ pas à ses parents.

5. Nous sommes optimistes. Nous n(e) _____ pas aux problèmes.

6. Elle _____ parce qu'elle a oublié de faire ses devoirs.

B. La vie universitaire. Formez des phrases complètes avec les mots donnés.

1. mauvais / étudiants / ne / réussir / pas / examens _____

_____

2. étudiants / intelligents / ne / désobéir / pas / professeur _____

_____

3. Réfléchir / quand / vous / passer / examen! _____

_____

4. Finir / votre / devoirs / et après / sortir / avec / votre / amis! _____

_____

5. professeurs / ne / punir / pas / étudiants _____

_____

6. On / ne / servir / pas / alcool / restau-U _____

_____

7. Dormir / vous / huit / heures tous les jours? _____

_____

8. Vous / ne / choisir / pas encore / profession? _____

_____

Name _____ Section _____ Date _____

C. Questions personnelles. Réfléchissez bien!

1. Avez-vous déjà choisi une profession? Quelle profession? _____

_____

_____

2. Comment est-ce qu'on réussit à l'université? _____

_____

_____

3. Avez-vous rougi récemment? Pourquoi? _____

_____

_____

4. Avec qui est-ce que vous allez sortir ce week-end? Qu'est-ce que vous allez faire? _____

_____

_____

5. Qu'est-ce qu'on sert au restaurant universitaire? Cela sent bon ou mauvais? _____

_____

_____

6. A quelle heure finissez-vous vos cours? _____

_____

_____

III. Interrogative pronouns

A. Donnez une autre forme pour les questions suivantes, si c'est possible.

1. —Qui est arrivé? _____

   —Madame Pinton est arrivée.

2. —Qui est-ce que vous allez inviter? _____

   —Nous allons inviter nos parents.

Chapitre 7   **65**

3. —Qu'est-ce que vous avez fait? _____

   —J'ai donné des cassettes à mes amis américains.

4. —Qu'est-ce qui est arrivé? _____

   —J'ai oublié mon portefeuille à la piscine.

5. —Qui est-ce qui a téléphoné? _____

   —Marie. Elle a un problème.

6. —Que vont-ils faire? _____

   —Ils vont chercher un répondeur pour leurs parents.

B. Chez Pierre. Trouvez les questions qui correspondent aux réponses suivantes. Faites attention aux mots en italique.

1. *Pierre* est monté dans sa chambre. _____

   _____

2. Il cherche *un CD de Jacques Brel.* _____

   _____

3. *Le répondeur* est sur son bureau. _____

   _____

4. Il téléphone *à son amie Françoise.* _____

   _____

5. Il *invite* Françoise. _____

   _____

6. Elle adore *Brel.* _____

   _____

7. Elle a laissé *son portable* chez ses copines. _____

   _____

8. Elle va arriver chez lui à *sept heures et demie.* _____

   _____

Name _____ Section _____ Date _____

C. Conférence de presse du Président. Préparez une liste de cinq questions à poser au Président des Etats-Unis.

1. _____
2. _____
3. _____
4. _____
5. _____

IV. *Pouvoir* and *vouloir*

A. M. Calvet reste à la maison avec ses enfants et il téléphone au bureau de sa femme. Formez des phrases complètes avec les mots donnés.

1. Les enfants / ne / vouloir / pas / obéir _____

_____

2. Robert / ne / pouvoir / pas / finir / son / déjeuner _____

_____

3. Marie / vouloir / jouer / dans / rue _____

_____

4. Nous / ne / pouvoir / pas / trouver / clés / de Robert _____

_____

5. Tu / pouvoir / téléphoner / ton / mère? _____

_____

6. Je / vouloir / laisser / notre / enfants / chez / notre / amis _____

_____

B. Persuasion. Mettez les phrases suivantes au passé composé.

1. Qui est-ce qui veut aller au concert? _____

_____

2. Nous ne voulons pas rentrer après minuit. _____

_____

3. Marie ne veut pas sortir avec nous. _____

_____

4. Est-ce que tu peux partir en avance? _____

_____

5. Nous voulons être à l'heure. _____

6. Quels amis ne peuvent pas aller avec nous? _____

_____

C. **On ne peut pas ou ne veut pas?** Complétez les phrases suivantes avec **pouvoir** ou **vouloir** et des idées originales.

MODÈLE: Je ne vais pas danser ce week-end parce que *je ne veux pas.*

1. Je n'ai pas fini mes devoirs parce qu(e) _____

_____

2. Mes amis n'ont pas choisi ce restaurant chinois parce qu(e) _____

_____

3. Je ne dors pas jusqu'à midi le week-end parce qu(e) _____

_____

4. En France, les étudiants n'obéissent pas à la police parce qu(e) _____

_____

5. Je ne fume pas parce qu(e) _____

_____

6. Je ne mange pas de chocolat parce qu(e) _____

_____

D. Pouvez-vous et voulez-vous faire les choses suivantes? Répondez à chaque suggestion selon le modèle et utilisez vos propres idées.

MODÈLE: étudier jusqu'à trois heures du matin?
Je peux étudier jusqu'à trois heures du matin, mais je ne veux pas.

1. chanter devant des amis? _____
_____

2. acheter un avion? _____
_____

3. changer les piles d'un transistor? _____
_____

4. faire la cuisine? _____
_____

5. être médecin? _____
_____

6. avoir un A en français? _____
_____

Ecrivons

A. Répondez aux questions suivantes pour écrire (*to write*) un paragraphe.

Que voulez-vous faire ce soir? Sortez-vous dîner? Qui va choisir le restaurant? Quel restaurant aimez-vous mieux? A quelle heure allez-vous partir? Vous voulez aller en voiture ou à pied? Pouvez-vous trouver un parking près du restaurant? Quelles spécialités est-ce qu'on sert au restaurant? Qu'est-ce que vous recommandez? Quand vous finissez votre dîner, qu'est-ce que vous faites? Quand vous quittez le restaurant, où pensez-vous aller? Aimez-vous mieux aller dans une boîte ou rentrer pour dormir?

_____
_____
_____
_____
_____
_____
_____
_____

B. Ecrivez un dialogue entre un homme et une femme qui communiquent par Internet.

_____

_____

_____

_____

_____

_____

_____

_____

C. Posez six questions basées sur le paragraphe suivant.

La carte internationale

Avec la **Carte Télécom Internationale** vous pouvez téléphoner en France et dans beaucoup de pays. De France, on peut téléphoner directement ou parler à l'opératrice. Il est aussi possible de téléphoner en France quand on est aux Etats-Unis. Mais pour cela, il faut une seconde carte, **Utilisation à l'étranger.** Pour avoir cette carte, téléphonez au 05.19.58.30.
Si vous voulez des renseignements sur la **Carte Télécom Internationale,** téléphonez au 14 ou visitez une «téléboutique».

1. _____

2. _____

3. _____

4. _____

5. _____

6. _____

CHAPITRE 8

Paris

I. The weather (*La météo*)

A. Prévisions. Mettez (*Put*) les phrases suivantes au temps (*tense*) indiqué.

1. Hier, il a fait de l'orage. (*présent*) _____

_____

2. A Nice, il fait du soleil. (*futur proche*) _____

_____

3. Elles vont avoir froid à la plage. (*passé composé*) _____

_____

4. Est-ce qu'il va faire bon aujourd'hui? (*passé composé*) _____

_____

5. Il va faire frais ce soir. (*présent*) _____

_____

6. Est-ce qu'il pleut beaucoup? (*passé composé*) _____

_____

B. Faisons un pique-nique! Complétez les phrases suivantes avec la forme correcte du verbe **avoir**, **être** ou **faire**. Attention au contexte!

1. Est-ce qu'il va _____ du vent cet après-midi?

2. Les enfants vont _____ froid!

3. Quand nous _____ chaud, nous n(e) _____ pas faim.

4. La bière _____ trop froide.

5. Ce soir, il n(e) _____ pas très beau.

6. Est-ce que les cocas _____ chauds?

7. J(e) _____ très chaud quand il _____ du soleil.

8. Est-ce qu'il _____ froid ici?

C. Notre climat. Traduisez les phrases suivantes.

1. It isn't always nice here. _____

2. It was hot last year. _____

3. It's windy and cool in the morning. _____

4. It's foggy and it's going to rain this afternoon. _____

_____

5. There's going to be a storm tomorrow. _____

_____

6. But it's going to be sunny this weekend. _____

_____

D. Ecrivez (*Write*) cinq phrases pour décrire (*describe*) cette illustration.

1. _____

2. _____

3. _____

4. _____

5. _____

II. *Suivre / suivre des cours*

A. Complétez les phrases suivantes au présent en utilisant **suivre, faire** ou **étudier,** et ajoutez (*add*) les articles nécessaires.

1. Mes amis _____ des cours à l'université.

2. Jacqueline _____ du latin et _____ maths.

3. Robert _____ la philo.

4. Mon camarade de chambre _____ un cours _____ chimie.

5. Mon amie Chantal et moi, nous _____ du français.

6. Et toi, quels cours _____-tu?

Chapitre 8   **73**

B. Remplacez le verbe en italique par le verbe entre parenthèses et faites les changements nécessaires.

1. Elles veulent *suivre un cours de* russe. (faire) _____

_____

2. Est-ce que tu *as fait* de la philo? (étudier) _____

_____

3. Cette année nous allons *étudier* l'informatique. (suivre un cours) _____

_____

4. Je *suis un cours de* maths. (étudier) _____

5. Ma sœur *étudie* l'anglais ce trimestre. (faire) _____

_____

6. Quand va-t-on *faire* du droit? (suivre un cours) _____

_____

C. Les cours de littérature. Votre sœur parle d'un personnage littéraire célèbre (*famous*). Quelle sorte de cours suit-elle?

MODÈLE: Cyrano de Bergerac
Elle suit un cours de français. / Elle fait du français. / Elle étudie le français.

1. Emma Bovary _____

2. Juliette _____

3. Sancho Panza _____

4. Faust _____

5. Anna Karénine _____

6. Electre _____

7. Laure et Béatrice _____

8. Jules César _____

Name _____ Section _____ Date _____

III. Direct object pronouns: Third person

A. Notre fils Roger. Après dîner, les Diallo discutent de leur fils Roger. Répondez à leurs questions en employant un pronom complément d'objet direct dans vos réponses.

1. Roger aime *ses cours*? _____

2. Monique a-t-elle trouvé *la carte postale de Roger*? _____

_____

3. Il a suivi *le cours de Monsieur Lambert*? _____

4. Nous n'avons pas rencontré *ses amis*? _____

_____

5. Roger va-t-il étudier *l'informatique* l'année prochaine? _____

_____

6. Monique, tu n'as pas oublié *le colis de Roger* au lycée? _____

_____

B. Notre cours d'informatique. Mettez (*Put*) les phrases suivantes au temps donné entre parenthèses. Faites attention à l'accord (*agreement*) du participe passé.

1. Je le trouve intéressant. (*passé composé*) _____

_____

2. Le matériel? Nous allons l'utiliser souvent. (*présent*) _____

_____

3. Le logiciel? Jacqueline ne l'a pas emprunté. (*futur proche*) _____

_____

4. Ton imprimante? Je vais la prêter à Françoise. (*passé composé*) _____

_____

5. Ils n'ont pas pu l'acheter, ce traitement de texte. (*présent*) _____

_____

6. Vous les aimez, ces tableurs? (*futur proche*) _____

_____

C. On est indécis! Répondez aux questions suivantes en employant les mots entre parenthèses. Employez des pronoms dans vos réponses.

MODÈLE: Avez-vous trouvé mes notes? (Non,...)
Non, je ne les ai pas trouvées.

1. Voulez-vous regarder mes cartes postales? (... plus tard.) _____

_____

2. A-t-il choisi ses cours? (Non,...) _____

_____

3. Est-ce qu'ils vont chercher leur courrier? (Non,... pas... aujourd'hui.) _____

_____

4. Voulez-vous ouvrir la fenêtre? (Non,...) _____

_____

5. Est-ce qu'elle veut emprunter la voiture de son père? (Oui, mais lui,... ne... pas... vouloir...

prêter.) _____

6. Quand avez-vous fait le ménage? (... la semaine dernière!) _____

_____

D. Qu'est-ce que vous pensez des choses suivantes? Employez des pronoms compléments d'objet direct et les verbes suivants: **adorer, aimer, ne pas aimer, détester.**

MODÈLE: les CD? *Je les déteste.*

1. les lecteurs laser? _____

2. le matériel IBM? _____

3. les répondeurs? _____

4. les magnétoscopes? _____

5. la radio? _____

6. la télévision? _____

IV. *Voir*

A. Refaites les phrases suivantes en employant les mots entre parenthèses.

1. Vois-tu souvent des films? (... vous...) _____

_____

2. Oui, j'ai vu un film de Tavernier. (... demain...) _____

_____

3. Il n'a pas vu de film hier? (Demain,...) _____

_____

4. Qui est-ce que tu vois au cinéma? (... ils...) _____

_____

5. Nous les avons revus. (... ne... pas...) _____

_____

6. Qu'est-ce qu'il voit cet après-midi? (... tu...) _____

_____

B. Utilisez la forme appropriée des verbes **voir, prévoir** ou **revoir** selon (*according to*) le contexte.

1. La météo _____ du vent cet après-midi.

2. Les Dupont? Je les _____ l'année dernière, mais je ne les _____ pas

_____ cette année.

3. _____-vous _____ le dernier film de James Bond?

4. Je veux _____ tous les exercices avant l'examen.

5. _____! Faites attention!

6. _____-vous _____ du gâteau pour dix?

7. Nous ne _____ pas pourquoi notre fils n'a pas réussi.

8. Ils sont allés _____ leurs parents.

Ecrivons

A. Composez un paragraphe en répondant aux questions suivantes.

Combien de cours suivez-vous ce trimestre / semestre? Qu'est-ce que vous étudiez? Faites-vous du français tous les jours? Quels cours aimez-vous beaucoup? Allez-vous en classe quand il fait beau? Vos professeurs sont-ils intéressants? Est-ce que vous les admirez? Allez-vous les voir souvent dans leur bureau? Faites-vous vos devoirs à la bibliothèque ou est-ce que vous les faites chez vous?

_____

_____

_____

_____

_____

_____

_____

_____

B. Ecrivez un paragraphe pour répondre aux questions suivantes. Utilisez des pronoms.

Quelle ville célèbre as-tu visitée? Quels monuments as-tu aimés? Dans quels restaurants as-tu mangé? Qu'est-ce que tu as vu dans les magasins? Qu'est-ce que tu veux revoir?

_____

_____

_____

_____

_____

_____

_____

Name _____ Section _____ Date _____

C. Ecrivez un paragraphe pour répondre aux questions suivantes.

Est-ce qu'on peut prévoir les choses (*things*)? Est-ce que certaines personnes peuvent le faire? Avez-vous prévu un événement (*an event*) important? Expliquez.

_____

_____

_____

_____

_____

_____

D. Expédiez un télégramme à vos parents. Demandez de l'argent pour suivre des cours cet été.

N° 698 TÉLÉGRAMME

ZCZC

Ligne de numérotation

N° télégraphique

Ligne pilote

Bureau d'origine

Services spéciaux demandés :
(voir au verso)

TEXTE et éventuellement
signature très lisible

Étiquettes

Taxe principale.

Taxes accessoires

Total . .

Mots

Timbre
à
date

Inscrire en **CAPITALES** l'adresse complète (rue, n° bloc, bâtiment, escalier, etc...), le texte et la signature (une lettre par case ; **laisser une case blanche entre les mots**).

Pour accélérer la remise des télégrammes indiquer le numéro de téléphone (1) ou de télex (3) du destinataire

TF

TLX

Date

Heure

N° d'appel :

INDICATIONS DE TRANSMISSION

N° de la ligne du P.V. :

Bureau de destination   Code Postal ou Pays

Mentions de service

Nom et
adresse

Pour avis en cas de non-remise, indiquer le nom et l'adresse de l'expéditeur (2) :

728678 Y · Imp. Mod. · Limoges · 8.03.02.03

CHAPITRE 9

La cuisine

I. Prenominal adjectives

A. Ma nouvelle amie. Refaites les phrases suivantes en ajoutant (*adding*) les adjectifs entre parenthèses.

1. J'ai rencontré une femme. (jeune, intéressant) _____

   _____

2. Elle porte toujours une robe. (beau, rouge) _____

   _____

3. Elle aime les restaurants. (bon, mexicain) _____

   _____

4. Elle adore visiter les villes. (vieux, italien) _____

   _____

5. Elle sort avec un homme. (jeune, fascinant) _____

   _____

6. C'est un acteur. (nouveau, français) _____

   _____

B. Décrivez les personnes et les choses dans le dessin suivant avec un des adjectifs donnés.

bon	mauvais	petit	grand	gros	joli
beau	laid	jeune	vieux	pauvre	nouveau

1. _____

2. _____

3. _____

4. _____

5. _____

6. _____

Name _____ Section _____ Date _____

C. De bonnes idées? Est-ce que c'est une bonne ou une mauvaise idée? Expliquez!

    MODÈLE: étudier le samedi soir

             C'est une bonne idée parce qu'on va avoir de bonnes notes.

1. Marcel Marceau à la radio _____

_____

_____

2. Etre le mari d'Elizabeth Taylor _____

_____

_____

3. Acheter une maison en Californie _____

_____

_____

4. Habiter au Népal _____

_____

_____

5. Sylvester Stallone dans le rôle de Hamlet _____

_____

_____

6. Une équipe de basket-ball avec Jack Nicholson _____

_____

_____

II. Le calendrier

A. Répondez aux questions suivantes en consultant le calendrier.

Le calendrier

JANVIER	FÉVRIER	MARS	AVRIL	MAI	JUIN
☉ 7 h 46 à 16 h 02	☉ 7 h 23 à 16 h 45	☉ 6 h 34 à 17 h 33	☉ 5 h 30 à 18 h 20	☉ 4 h 32 à 19 h 05	☉ 3 h 53 à 19 h 44
1 V JOUR de l'AN	1 L S°Ella	1 M S. Aubin	1 V S. Hugues	1 D FÊTE du TRAV.	1 M S. Justin
2 S S. Basile	2 M Présentation	2 M S. CharlesleB.	2 S S°Sandrine	2 L S. Boris	2 J S°Blandine
3 D Epiphanie	3 M S. Blaise	3 J S. Guénolé	3 D PÂQUES	3 M SS. Phil., Jacq.	3 V S. Kévin
4 L S. Odilon	4 J S°Véronique	4 V S. Casimir	4 L S. Isidore	4 M S. Sylvain	4 S S°Clotilde
5 M S. Edouard	5 V S°Agathe	5 S S. Olive	5 M S°Irène	5 J S°Judith	5 D Fête-Dieu
6 M S. Mélaine	6 S S. Gaston	6 D S°Colette	6 M S. Marcellin	6 V S°Prudence	6 L S. Norbert
7 J S. Raymond	7 D S°Eugénie	7 L S°Félicité	7 J S. J.-B. de la S.	7 S S°Gisèle	7 M S. Gilbert
8 V S. Lucien	8 L S°Jacqueline	8 M S. Jean de D.	8 V S°Julie	8 D VIC. 45/F. J. d'Arc	8 M S. Médard
9 S S. Alix	9 M S°Apolline	9 M S°Françoise	9 S S. Gautier	9 L S. Pacôme	9 J S°Diane
10 D S. Guillaume	10 M S. Arnaud	10 J S. Vivien	10 D S. Fulbert	10 M S°Solange	10 V S. Landry
11 L S. Paulin	11 J N.-D. Lourdes	11 V S°Rosine	11 L S. Stanislas	11 M S°Estelle	11 S S. Barnabé
12 M S°Tatiana	12 V S. Félix	12 S S°Justine	12 M S. Jules	12 J ASCENSION	12 D S. Guy
13 M S°Yvette	13 S S°Béatrice	13 D S. Rodrigue	13 M S°Ida	13 V S°Rolande	13 L S. Antoine de P.
14 J S°Nina	14 D S. Valentin	14 L S°Mathilde	14 J S. Maxime	14 S S. Matthias	14 M S. Elisée
15 V S. Remi	15 L S. Claude	15 M S°Louise de M.	15 V S. Paterne	15 D S°Denise	15 M S. Germaine
16 S S. Marcel	16 M Mardi-Gras	16 M S°Bénédicte	16 S S. Benoît-J.	16 L S. Honoré	16 J S. J.F. Régis
17 D S°Roseline	17 M Cendres	17 J S. Patrice	17 D S. Anicet	17 M S. Pascal	17 V S. Hervé
18 L S°Prisca	18 J S°Bernadette	18 V S. Cyrille	18 L S. Parfait	18 M S. Eric	18 S S. Léonce
19 M S. Marius	19 V S. Gabin	19 S S. Joseph	19 M S°Emma	19 J S. Yves	19 D S. Romuald
20 M S. Sébastien	20 S S°Aimée	20 D PRINTEMPS	20 M S°Odette	20 V S. Bernardin	20 L S. Silvère
21 J S°Agnès	21 D Carême	21 L S°Clémence	21 J S. Anselme	21 S S. Constantin	21 M ÉTÉ
22 V S. Vincent	22 L S°Isabelle	22 M S°Léa	22 V S. Alexandre	22 D PENTECÔTE	22 M S. Alban
23 S S. Barnard	23 M S. Lazare	23 M S. Victorien	23 S S. Georges	23 L S. Didier	23 J S°Audrey
24 D S. Fr. de Sales	24 M S. Modeste	24 J S°Cath.deSu.	24 D Jour du Souvenir	24 M S. Donatien	24 V S. Jean-Bapt.
25 L Conv. S.Paul	25 J S. Roméo	25 V Annonciation	25 L S. Marc	25 M S°Sophie	25 S S. Prosper
26 M S°Paule	26 V S. Nestor	26 S S°Larissa	26 M S°Alida	26 J S. Bérenger	26 D S. Anthelme
27 M S°Angèle	27 S S°Honorine	27 D Rameaux	27 M S°Zita	27 V S. Augustin	27 L S. Fernand
28 J S. Th.d'Aquin	28 D S. Romain	28 L S. Gontran	28 J S°Valérie	28 S S. Germain	28 M S. Irénée
29 V S. Gildas	29 L S. Auguste	29 M S°Gwladys	29 V S°Catherine S.	29 D Fête des Mères	29 M SS.Pierre,Paul
30 S S°Martine		30 M S. Amédée	30 S S. Robert	30 L S. Ferdinand	30 J S. Martial
31 D S°Marcelle	Épacte 11/Lettre dominic. CB	31 J S. Benjamin		31 M Visitation	Fonderie CASLON · Paris
	Cycle solaire 9/Nbre d'or 13				
	Indiction romaine 11				

JUILLET	AOUT	SEPTEMBRE	OCTOBRE	NOVEMBRE	DÉCEMBRE
☉ 3 h 53 à 19 h 56	☉ 4 h 26 à 19 h 27	☉ 5 h 09 à 18 h 31	☉ 5 h 52 à 17 h 28	☉ 6 h 39 à 16 h 29	☉ 7 h 24 à 15 h 55
1 V S. Thierry	1 J S. Alphonse	1 J S. Gilles	1 S S°Th. de l'E.J.	1 M TOUSSAINT	1 J S°Florence
2 S S. Martinien	2 M S. Julien-Ey.	2 V S°Ingrid	2 D S. Léger	2 M Défunts	2 V S°Viviane
3 D S. Thomas	3 M S°Lydie	3 S S. Grégoire	3 L S. Gérard	3 J S. Hubert	3 S S. Xavier
4 L S. Florent	4 J S. J.M.Vian.	4 D S°Rosalie	4 M S. Fr. d'Assise	4 V S. Charles	4 D S°Barbara
5 M S. Antoine	5 V S. Abel	5 L S°Raïssa	5 M S°Fleur	5 S S°Sylvie	5 L S. Gérald
6 M S°Mariette	6 S Transfiguration	6 M S. Bertrand	6 J S. Bruno	6 D S°Bertille	6 M S. Nicolas
7 J S. Raoul	7 D S. Gaétan	7 M S°Reine	7 V S. Serge	7 L S°Carine	7 M S. Ambroise
8 V S. Thibaut	8 L S. Dominique	8 J Nativité N.D.	8 S S°Pélagie	8 M S. Geoffroy	8 J Imm.Concept.
9 S S°Amandine	9 M S. Amour	9 V S. Alain	9 D S. Denis	9 M S. Théodore	9 V S. P. Fourier
10 D S. Ulrich	10 M S. Laurent	10 S S°Inès	10 L S. Ghislain	10 J S. Léon	10 S S. Romaric
11 L S. Benoît	11 J S°Claire	11 D S. Adelphe	11 M S. Firmin	11 V ARMISTICE 1918	11 D S. Daniel
12 M S. Olivier	12 V S°Clarisse	12 L S. Apollinaire	12 M S. Wilfried	12 S S. Christian	12 L S°Jeanne F.C.
13 M SS Henri,Joël	13 S S. Hippolyte	13 M S. Aimé	13 J S. Géraud	13 D S. Brice	13 M S°Lucie
14 J FÊTE NATIONALE	14 D S. Evrard	14 M La S° Croix	14 V S. Juste	14 L S. Sidoine	14 M S°Odile
15 V S. Donald	15 L ASSOMPTION	15 J S. Roland	15 S S°Th. d'Avila	15 M S. Albert	15 J S°Ninon
16 S N.D. Mt-Carmel	16 M S. Armel	16 V S°Edith	16 D S°Edwige	16 M S°Marguer.	16 V S°Alice
17 D S°Charlotte	17 M S. Hyacinthe	17 S S. Renaud	17 L S. Baudouin	17 J S°Elisabeth	17 S S. Gaël
18 L S. Frédéric	18 J S°Hélène	18 D S°Nadège	18 M S. Luc	18 V S°Aude	18 D S. Gatien
19 M S. Arsène	19 V S. JeanEudes	19 L S°Emilie	19 M S. René	19 S S. Tanguy	19 L S. Urbain
20 M S°Marina	20 S S. Bernard	20 M S. Davy	20 J S°Adeline	20 D S. Edmond	20 M S. Abraham
21 J S. Victor	21 D S. Christophe	21 M S. Matthieu	21 V S°Céline	21 L Prés. Marie	21 M HIVER
22 V S°Marie-M.	22 L S. Fabrice	22 J AUTOMNE	22 S S°Elodie	22 M S°Cécile	22 J S°Fr.-Xavière
23 S S°Brigitte	23 M S°Rose de L.	23 V S. Constant	23 D S. Jean de C.	23 M S. Clément	23 V S. Armand
24 D S°Christine	24 M S. Barthélemy	24 S S°Thècle	24 L S. Florentin	24 J S°Flora	24 S S°Adèle
25 L S. Jacques	25 J S. Louis	25 D S. Hermann	25 M S. Crépin	25 V S°Catherine L.	25 D NOËL
26 M SS. Anne, Joa.	26 V S°Natacha	26 L SS.Côme,Dam.	26 M S. Dimitri	26 S S°Delphine	26 L S. Etienne
27 M S°Nathalie	27 S S°Monique	27 M S. Vinc. de Paul	27 J S°Emeline	27 D Avent	27 M S. Jean
28 J S. Samson	28 D S. Augustin	28 M S. Venceslas	28 V SS. Sim., Jude	28 L S. Jacq.d.l.M.	28 M SS. Innocents
29 V S°Marthe	29 L S°Sabine	29 J S. Michel	29 S S. Narcisse	29 M S. Saturnin	29 J S. David
30 S S°Juliette	30 M S°Fiacre	30 V S. Jérôme	30 D S. Bienvenue	30 M S. André	30 V S. Roger
31 D S. Ignace de L.	31 M S. Aristide		31 L S. Quentin	Fonderie CASLON · Paris	31 S S. Sylvestre

1. Le Mardi-Gras est quel jour? _____

_____

2. Le printemps commence quel jour? _____

_____

3. Combien de jeudis est-ce qu'il y a au mois de mars? _____

_____

4. Pâques (*Easter*) est quel jour? _____

_____

5. Quelle est la date de la fête des Mères? _____

_____

6. Noël est quel jour de la semaine? _____

_____

7. L'automne commence quel jour? Et l'hiver? _____

_____

8. Quelle est la date de la Fête nationale? _____

_____

B. La France pour les touristes. Traduisez les phrases suivantes.

1. Tourists take trips to France in the summer. _____

_____

2. They close museums on Tuesdays. _____

3. In August, the French go on vacation. _____

_____

4. Last winter, it was cold. _____

5. Stores are open Sunday morning. _____

_____

6. Children have a vacation in February. _____

_____

C. La femme en France. Ecrivez les dates des lois importantes concernant les droits des femmes en France. Attention: en français dans l'abréviation d'une date, le jour vient avant le mois.

1. Autorise les femmes dentistes et médecins: 30-11-1842. _____

_____

2. Permet les comptes en banque pour les femmes: 09-04-1881. _____

_____

3. Divorce possible: 27-07-1884. _____

_____

4. Abolition de l'incapacité de la femme mariée: 18-02-1938. _____

_____

5. Autorise le vote des femmes: 21-04-1944. _____

_____

6. Elimine la discrimination dans la vie professionnelle: 13-07-1983. _____

_____

D. Vérifiez votre connaissance du calendrier en répondant aux questions suivantes.

1. Quel jour est-ce qu'on joue au football américain au lycée? à l'université? au football américain

professionnel? _____

_____

_____

2. Quand est-ce qu'on joue au basket-ball? au base-ball? _____

_____

_____

3. Quel jour est-ce qu'on vote aux Etats-Unis? en France? _____

_____

_____

4. Quand est Noël? la Saint-Valentin? la fête de l'Armistice? _____

_____

_____

Name _____ Section _____ Date _____

III. Indirect object pronouns: Third person

A. Préparons un repas. Répondez aux questions suivantes en employant les mots entre parenthèses et des pronoms compléments d'objet indirect.

1. Vous demandez à l'agent où est le parking? (Non,... le marché) _____

_____

2. Quels légumes allez-vous rapporter à votre mère? (... épinards... asperges) _____

_____

3. Qu'est-ce qu'elle va donner à ses amis comme viande? (... rôti de porc) _____

_____

4. Est-ce qu'elle va acheter des bonbons aux enfants? (Non,... des fraises) _____

_____

5. Est-ce qu'on va servir du vin aux enfants? (Non,... jus de raisin) _____

_____

6. Vous allez rendre la clé de la voiture à votre mère? (Non,... l'argent) _____

_____

B. Le parapluie ou l'imperméable? Ajoutez **le** ou **lui** aux phrases suivantes.

1. Je _____ donne votre parapluie?

2. Non, donnez-_____ à ma sœur.

3. Je ne _____ trouve pas.

4. Je vais _____ prêter mon imperméable.

5. Non, elle ne va pas _____ porter.

6. Ses enfants _____ ressemblent.

C. **Jacques et son père.** Complétez les questions suivantes avec les verbes entre parenthèses. Ensuite, donnez une réponse en employant les mots entre parenthèses et un pronom.

1. Jacques (désobéir) _____ à son père? (Oui,...) _____

   _____

2. Hier soir, ils (regarder) _____ la télévision? (Non,...) _____

   _____

3. Est-ce qu'ils (écouter) _____ la radio? (Non,...) _____

   _____

4. Ils (téléphoner) _____ souvent à leurs cousins? (Non, ne... jamais) _____

   _____

5. Jacques (parler) _____ à son père de ses cours? (Oui,...) _____

   _____

6. Il va lui (montrer) _____ son examen? (Non,... déjà) _____

   _____

IV. *Prendre*

A. **Nos cours.** Refaites les phrases suivantes selon les indications entre parenthèses.

1. Cette leçon est difficile. Je ne la comprends pas. (*passé composé*) _____

   _____

2. Comprenez-vous le russe? (... tu...) _____

   _____

3. Pourquoi choisissent-ils ces livres? (... prendre...) _____

   _____

4. Où a-t-elle trouvé cela? (... apprendre...) _____

   _____

5. Je l'ai apprise hier. (... demain) _____

   _____

6. Il prend de bonnes notes dans son cours de socio. (Nous...) _____

   _____

Name _____ Section _____ Date _____

B. Mon prof de français. Faites des phrases complètes avec les mots donnés.

1. Il / prendre / fraises / petit déjeuner _____

_____

2. Est-ce que / vous / comprendre / son / anglais? _____

_____

3. Vous / prendre / pâté / ou saucisson? _____

_____

4. Le soir / il / apprendre / espagnol / agents de police _____

_____

5. Il / aller / prendre / avion / pour rentrer chez lui _____

_____

6. Il / ne... pas / comprendre / mon / dernier / examen _____

_____

C. Quelle langue? Le français n'est pas la seule langue parlée en France! Il y a plusieurs (*several*) langues régionales. Trouvez la langue dans la colonne de droite qui correspond à chaque région de la colonne de gauche. Employez le verbe **comprendre**.

1. En Bretagne, les gens...   a. corse

2. En Catalogne française, on...   b. alsacien

3. Les Strasbourgeois...   c. occitan

4. A Marseille, on...   d. catalan

5. En Corse, ils...   e. breton

6. Dans les Pyrénées sur la côte Atlantique, on...   f. basque

1. _____

2. _____

3. _____

4. _____

5. _____

6. _____

D. Racontez (*Tell about*) une journée typique.

Je prends...   petit déjeuner / livres / autobus /
Je ne prends pas...   la rue... pour aller... / déjeuner / dîner / ...

_____

_____

_____

_____

_____

_____

E. Vous êtes au Québec. Vous voulez aller de Montréal à Chicoutimi en auto. Préparez votre itinéraire avec l'aide de la carte de l'Office du Tourisme du Canada. Mentionnez le numéro des routes à prendre.

_____

_____

_____

_____

_____

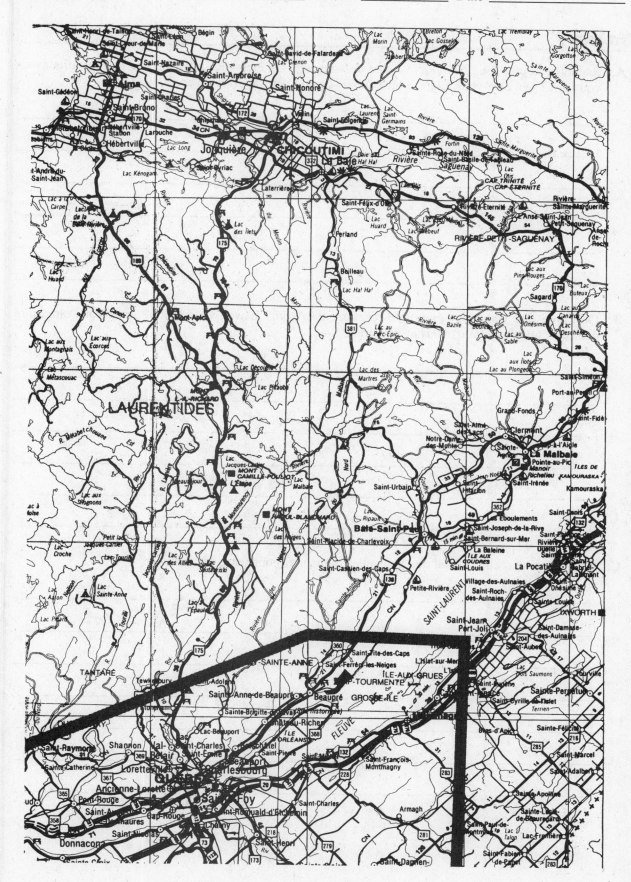

Ecrivons

A. Racontez le plus long (*longest*) voyage de votre vie. Où êtes-vous allé(e) et quels transports avez-vous pris? Qui êtes-vous allé(e) voir? Qu'est-ce que vous avez visité ensemble?

_____

_____

_____

_____

_____

_____

B. Qu'est-ce que vous avez emprunté récemment? A qui? L'avez-vous rendu? Avez-vous emprunté quelque chose que (*that*) vous avez perdu?

_____

_____

_____

_____

_____

C. Composez un menu spécial que vous allez demander pour votre anniversaire.

_____

_____

_____

_____

_____

_____

REVISION C

Chapitres 7 à 9

A. Complétez les phrases suivantes avec des mots de la liste donnée. Ajoutez les articles nécessaires.

prêter	plat	répondeur	lecteur de disques compacts
orage	ciel	pendant	timbre

1. Il ne veut pas _____ sa voiture à ses enfants.

2. Si je ne suis pas à la maison, laissez un message sur mon _____.

3. Si tu veux expédier cette lettre, il faut acheter _____.

4. Nous dormons _____ le cours de philosophie.

5. Les enfants ne peuvent pas sortir parce qu'il fait _____.

6. Je ne veux pas emprunter votre CD parce que je n'ai pas de _____.

7. _____ est couvert; il va pleuvoir.

8. Le gigot est mon _____ préféré.

B. Trouvez les mots pour les définitions suivantes.

1. Elle prévoit le temps. _____

2. Plat préféré au Japon _____

3. Une petite radio _____

4. La philosophie, la physique, la géographie _____

5. Un fruit de mer _____

6. La science des ordinateurs _____

7. Où on expédie un colis _____

8. Le premier repas le matin _____

C. Quelle(s) langue(s) est-ce qu'on parle dans les villes suivantes?

1. Rome _____

2. Moscou _____

3. Athènes _____

4. Québec _____

5. Londres _____

6. Mexico _____

7. Tunis _____

8. Berlin _____

D. Trouvez le nom des matières en complétant les mots suivants.

1. P ____ ____ C ____ ____ L ____ ____ ____ ____

2. ____ ____ T ____ ____ ____ ____ A ____ ____ ____ ____ E ____

3. ____ R ____ ____ ____ ____ I ____

4. ____ ____ T ____ R ____ ____ O ____ ____ ____ ____ E

5. D ____ ____ ____ ____

6. ____ ____ U ____ ____ A ____ ____ S ____ ____

7. ____ ____ Y ____ ____ ____ U ____

8. ____ O ____ ____ O ____ O ____ ____ ____

E. Dans les listes de mots suivantes, un mot ne va pas avec les autres. Rayez-le (*Cross it out*).

1. petits pois	haricots verts	pommes de terre	poisson
2. marché	hors-d'œuvre	fruit	viande
3. météo	chaleur	portefeuille	pluie
4. répondeur	mandat	Walkman	imprimante
5. tonnerre	éclair	nuage	logiciel
6. veau	jambon	poire	poulet

F. Complétez les phrases suivantes avec un mot interrogatif (adjectif, pronom, adverbe).

1. _____ vous allez visiter cet été?

2. _____ matières aimes-tu mieux?

3. _____ les Marchand vont inviter?

4. _____ vont-ils de Paris à Madrid?

5. _____ a compris la leçon?

6. _____ est-il parti?

7. _____ tu cherches?

8. _____ reste dans la valise?

G. Ecrivez un dialogue pour le dessin suivant.

_____

_____

_____

_____

_____

_____

CHAPITRE 10

En voiture

I. *Savoir* and *connaître*

A. Trouvez son identité. Complétez chaque phrase avec la forme correcte du verbe donné.

1. Elle _____ (connaître) notre famille.

2. L'été dernier, elle _____ (connaître) ton frère.

3. Tous ses amis _____ (savoir) danser.

4. Hier soir, je ne l'_____ pas _____ (reconnaître).

5. Nous _____ (ne... pas savoir) son âge.

6. Mais tu _____ (savoir) où elle est née.

7. On l'_____ (connaître) au musée d'Orsay.

8. Maintenant, _____-tu (savoir) qui c'est?

B. Et votre nouveau copain? Complétez les phrases suivantes avec la forme correcte de **savoir** ou de **connaître,** selon le cas.

1. Je _____ où il travaille.

2. _____-vous son âge?

3. Est-ce que tu _____ son numéro de téléphone?

4. _____-vous s'il a eu son bac?

5. Est-ce que ton frère _____ où il va à l'université?

6. Je ne _____ pas si mes parents vont l'aimer.

7. Ma sœur _____ bien ses deux sœurs.

8. Nous ne _____ pas sa famille depuis longtemps.

C. **Un(e) camarade de cours.** Ecrivez cinq phrases avec **savoir** ou **connaître** pour décrire un(e) camarade de cours.

MODÈLE: *Je connais ses habitudes.*
          Je sais qu'il est sympathique.

1. _____

   _____

2. _____

   _____

3. _____

   _____

4. _____

   _____

5. _____

   _____

II. *Le passé composé* (Review)

A. **Madame Blon est rentrée.** Complétez chaque phrase avec la forme correcte du passé composé du verbe donné.

1. Est-ce que vous _____ (monter) voir Madame Blon lundi dernier?

2. Oui, elle _____ (rentrer) à minuit dimanche soir.

3. Il _____ (pleuvoir) beaucoup ce soir.

4. Heureusement, elle _____ (ne... pas tomber).

5. Ses enfants _____ (partir) en vacances avec elle le week-end dernier.

6. Ils _____ (pouvoir) aller au Canada sans passeport?

7. Oui, ils _____ (naître) aux Etats-Unis.

8. Combien de jours est-ce qu'ils _____ (passer) à Ottawa?

Name _____ Section _____ Date _____

B. En voiture. Formez des phrases complètes avec les mots donnés.

1. Ils / rentrer / minuit / hier / soir _____

_____

2. Je / laisser / clés / dans / imper _____

_____

3. Marc / prendre / mon / voiture _____

4. Vous / rentrer / seul? _____

5. Oui, Pierre / descendre / déjà _____

6. Nous / passer / six heures / en voiture _____

_____

C. Formez des phrases complètes au passé composé en utilisant un élément de chaque colonne (*each column*).

Je	travailler	tous les soirs
Nous	partir	le week-end dernier
Vous	sortir	avec des amis
Mes amis	attendre	à trois heures du matin
Mes parents	arriver	l'été dernier
Mon frère	rentrer	pendant deux heures
Ma sœur	chanter	sans ses parents
Tu	dormir	en retard

1. _____

2. _____

3. _____

4. _____

5. _____

6. _____

7. _____

8. _____

D. Marie-Anne et François. Les illustrations suivantes montrent les activités de Marie-Anne et de François Marchand samedi dernier. Qu'est-ce qu'ils ont fait? Ecrivez un paragraphe.

_____

_____

_____

_____

_____

_____

_____

III. The imperfect

A. Ma promenade hier. Faites des phrases avec les mots donnés en employant l'imparfait pour les conditions et le passé composé pour les événements (*events*).

1. Hier / il / faire beau / et / je / faire / promenade / parc _____

_____

2. Il / y / avoir / café / charmant; beaucoup de gens / parler _____

_____

3. Je / entrer / dans / café / et / je / demander / coca _____

_____

4. Le garçon / ne... pas / parler / français / et / il / ne... pas / comprendre _____

_____

5. Je / sortir / café / et / je / continuer / promenade _____

_____

6. Je / arriver / devant / mon / maison; il / être / six heures _____

_____

Name _____ Section _____ Date _____

B. Des interruptions. Quelles interruptions avez-vous eues récemment? Choisissez une expression dans chaque colonne et écrivez cinq phrases.

Activités

faire mes devoirs
faire la lessive
dîner
parler avec mon petit ami / ma petite amie
dormir
regarder un bon film à la télévision
écouter de la musique classique
???

Interruptions

téléphone / sonner
ami / arriver
cousine / arriver
faire de l'orage
mon petit frère / entrer
mes parents / rentrer
avoir un accident
???

1. _____

_____

2. _____

_____

_____

3. _____

_____

4. _____

_____

5. _____

_____

C. Une soirée ennuyeuse. Dans le paragraphe suivant, mettez les verbes au passé composé ou à l'imparfait selon le cas.

Hier, nous _____ (aller) au cinéma. Nous _____ (vouloir)

voir le nouveau film de Lelouch mais nous _____ (ne... pas entrer)

parce que nous _____ (ne... pas avoir) d'argent. Alors, puisqu'il

_____ (faire) beau, nous _____ (partir). Pierre

_____ (choisir) un café où nous _____ (prendre)

une bière. Anne et Monique _____ (arriver) mais elles

_____ (ne... pas rester) longtemps parce qu'elles

_____ (être) fatiguées. Nous _____ (rentrer) avant minuit.

IV. *Venir* / Verbs conjugated like *venir* / *Venir de + infinitive*

A. La visite de mes parents. Formez des phrases complètes avec les mots donnés.

1. Mon / parents / venir / arriver _____

2. Ils / venir / en train _____

3. Ils / tenir / voir / mon / sœur _____

4. Elle / obtenir / bon / notes / ce / année _____

_____

5. Elle / aller / devenir / médecin _____

6. Ce / livres / lui / appartenir _____

B. Des Français d'adoption. Complétez les phrases suivantes avec la forme appropriée d'un verbe conjugué (*conjugated*) comme **venir**.

appartenir	devenir	revenir
contenir	obtenir	tenir

1. A qui _____ ce passeport?

2. Il est à ma femme; elle l'_____ le mois dernier.

3. Il _____ une belle photo.

4. Oui, elle _____ de sa mère.

5. Vous _____ en France tous les ans?

6. Nous _____ à faire ce voyage au printemps.

7. Vous _____ de vrais Français!

8. Nous _____ parce que nous aimons la France.

Name _____ Section _____ Date _____

C. Qu'est-ce qui vient d'arriver? Employez l'expression **venir de** pour décrire la situation suivante.

MODÈLE: *Il vient d'arriver.*

1. Mon cousin _____

2. Elle _____

3. Mes parents _____

4. Ils _____

5. Le touriste _____

6. Le garçon _____

Ecrivons

A. Qu'est-ce que vous avez fait hier? Pour composer le paragraphe, vous pouvez utiliser les questions suivantes.

Où êtes-vous allé(e) hier? Qu'est-ce que vous avez fait? Est-ce qu'il faisait beau? Est-ce que vous teniez à faire cela? Avec qui êtes-vous sorti(e)? Etait-il / elle sympathique? Qu'est-ce que vous avez choisi de faire après? A quelle heure êtes-vous rentré(e)s? Qui est-ce qui attendait à la maison? Que voulait-il / elle faire?

_____

_____

_____

_____

_____

B. Racontez des vacances inoubliables (*unforgettable*). Utilisez les possibilités données ou vos propres idées.

aller à...   sortir tous les soirs
partir avec...   dormir jusqu'à... heures
rester à l'hôtel / avec des amis   manger des / du...
passer une semaine / un mois   faire des promenades / la grasse matinée
visiter...   rentrer content(e) / fatigué(e) / sans argent
aller voir...

_____

_____

_____

_____

_____

Name _____ Section _____ Date _____

C. Racontez une histoire (*story*), par exemple quand vous êtes arrivé(e) à l'université ou quand vous avez fait la connaissance de votre petit(e) ami(e).

_____

_____

_____

_____

_____

_____

D. Qui connaissez-vous bien? Qu'est-ce que vous savez de lui / d'elle?

_____

_____

_____

_____

_____

_____

_____

CHAPITRE 11

La télé

I. Direct and indirect object pronouns: First and second persons

A. Regardons mes photos des Etats-Unis. Refaites chaque phrase en ajoutant le pronom entre parenthèses.

1. Il montre sa maison. (nous) _____

2. Elle n'a pas regardé quand j'ai pris la photo. (me) _____

_____

3. Je vais emprunter cette photo. (te) _____

_____

4. Ne regarde pas comme cela. (nous) _____

5. Prêtez vos lunettes. (me) _____

6. Ils ont tout appris sur les Etats-Unis. (nous) _____

_____

B. Au téléphone. Répondez aux questions suivantes en employant les mots entre parenthèses.

1. Est-ce que Véronique t'a téléphoné? (Oui,...) _____

_____

2. Est-ce qu'elle t'a invité au concert? (Non,...) _____

_____

3. Va-t-elle m'inviter, moi? (Non,...) _____

_____

4. Est-ce qu'elle t'a expliqué pourquoi? (Non,...) _____

_____

5. Elle ne nous aime pas? (Si,...) _____

_____

6. Pourquoi est-ce qu'elle t'a téléphoné si elle ne voulait pas nous inviter? (Elle... parce qu'elle est

malheureuse.) _____

_____

C. **Vos parents vous téléphonent.** Comment allez-vous répondre à des questions typiques?

1. Où étais-tu quand nous t'avons parlé la semaine dernière? _____

_____

2. Pourquoi est-ce que tu ne nous téléphones jamais? _____

_____

3. Tu vas expédier une carte à ton frère? _____

_____

4. Quand est-ce que tu vas venir nous voir? _____

_____

5. Est-ce qu'il est nécessaire de t'expédier un mandat? _____

_____

6. Tes amis t'invitent souvent au restaurant? _____

_____

7. Est-ce que nous pouvons te rendre visite à l'université? _____

_____

8. Avec qui sors-tu? _____

II. The subjunctive of regular verbs and of *avoir* and *être*

A. La famille. Complétez chaque phrase avec le subjonctif du verbe donné.

1. Il ne faut pas que je _____ à mes parents. (désobéir)

2. Vos parents ne veulent pas que vous _____ tous les soirs. (sortir)

3. Ta mère veut que tu _____ sûr de choisir une bonne profession. (être)

4. Votre père désire que vous _____ beaucoup. (étudier)

5. Mes parents sont désolés que je n'_____ pas d'argent. (avoir)

6. Ma sœur doute que nous lui _____. (téléphoner)

7. Faut-il que vous _____ cette année? (finir)

8. Je voudrais que ma famille _____ plus de patience! (avoir)

B. L'argent ne fait pas le bonheur. Dans les phrases suivantes, remplacez les mots en italique par les mots entre parenthèses.

1. *Nous* aimons mieux que *vous* ne soyez pas riches. (Elle... tu...) _____

   _____

2. *Nous* voulons que tu *connaisses* beaucoup de gens. (Je... inviter...) _____

   _____

3. *Papa* n'est pas content que nous *habitions* ici. (Vous... être...) _____

   _____

4. *Ils* désirent que *tu* n'oublies pas les gens pauvres. (Nous... elles...) _____

   _____

5. *Ils* veulent que *j'*aie un emploi intéressant. (Votre mère... vous...) _____

   _____

6. *Désirez*-vous que je vous *prête* de l'argent? (Vouloir... donner...) _____

   _____

C. **Quelles sont vos opinions?** Complétez les phrases suivantes avec une des trois expressions données, selon votre situation. Employez le subjonctif.

1. Je ne pense pas que mes parents veuillent que je _____.

   travailler pour eux / dépenser tout mon argent / réussir dans la vie

2. Il faut que les étudiants _____.

   travailler tout le temps / sortir souvent / dormir très tard

3. Je regrette que les professeurs _____.

   être trop désagréables / être trop ennuyeux / être souvent à l'heure

4. Mes amis désirent que nous _____.

   fréquenter des boîtes de nuit / manger dans de bons restaurants / étudier ensemble

5. Je veux que mon / ma petit(e) ami(e) _____.

   avoir beaucoup de temps libre / sortir souvent avec moi / gagner beaucoup d'argent

6. Moi, j'aime mieux que mes amis _____.

   être sincères / être patients / être riches

III. Uses of the subjunctive

A. **Nos amis.** Complétez chaque phrase avec l'indicatif ou le subjonctif.

1. Je regrette que mes amis ne _____ pas ici. (être)

2. Nous sommes sûres qu'elles _____ du talent. (avoir)

3. Mon camarade de chambre a peur que je _____ sans lui. (sortir)

4. Elle ne pense pas que vous l'_____ dimanche. (inviter)

5. Il est certain qu'il _____ raison. (avoir)

6. Il est temps que vous _____ à votre mère. (téléphoner)

7. Il est probable qu'elle ne _____ pas. (descendre)

8. Je sais que vous n'_____ pas l'importance du bonheur. (oublier)

B. Mes voisins. Refaites les phrases suivantes selon le modèle.

MODÈLE: Je veux être poli. (mes voisins)
Je veux que mes voisins soient polis.

1. Je ne pense pas sortir souvent. (mes voisins) _____

_____

2. Nous pensons inviter des amis. (mes voisins) _____

_____

3. Nous n'aimons pas dormir ici. (ils) _____

_____

4. Ils ont peur de téléphoner après dix heures. (je) _____

_____

5. Il faut être sympathique. (mes voisins) _____

_____

6. Nous désirons réussir dans la vie. (ils) _____

_____

C. Qu'est-ce qui vous rend heureux (-euse) / triste? Employez **heureux (-euse) / triste de** pour parler de vous-même et **heureux (-euse) / triste que** si vous ne parlez pas de vous. Faites douze phrases originales selon le modèle.

MODÈLE: *Je suis heureux que les cours finissent bientôt.*
Je suis triste d'arriver toujours en retard.

Je suis heureux (-euse)...

1. _____

2. _____

3. _____

4. _____

5. _____

6. _____

Je suis triste...

1. _____

2. _____

3. _____

4. _____

5. _____

6. _____

Ecrivons

A. Répondez aux questions suivantes pour écrire (*write*) un paragraphe.

Qu'est-ce qu'il faut que vous étudiiez pour demain? Est-il possible que vous ayez un examen dans ce cours? Avez-vous peur que l'examen soit difficile? Est-ce qu'il vaut mieux que vous soyez en cours à l'heure? Qui va vous aider (*help*) avec vos devoirs? Est-il probable que vous réussissiez à l'examen? Après le cours, est-ce que vos amis vont vous voir ou aimez-vous mieux leur téléphoner? Se peut-il qu'ils vous invitent chez eux? Pensez-vous qu'ils aient un dîner? Voulez-vous aller chez eux ou est-il préférable que vous restiez à la maison pour étudier?

_____

_____

_____

_____

_____

_____

_____

_____

B. La télé. Regardez-vous souvent la télévision? Pourquoi ou pourquoi pas? Quelles sont les émissions que vous aimez et que vous détestez?

_____

_____

_____

_____

_____

_____

_____

_____

C. Est-ce que la vie vous semble juste? Etes-vous surpris(e) de voir certaines choses? Par exemple, êtes-vous surpris(e) que beaucoup d'Américains aient faim? Qu'est-ce qui vous rend furieux (-euse) dans la vie?

_____

_____

_____

_____

_____

_____

_____

_____

_____

Name _____ Section _____ Date _____

CHAPITRE 12

Les achats

I. *Boire / recevoir / devoir*

A. Leur courrier. Qu'est-ce qu'ils reçoivent aujourd'hui? Faites une phrase complète qui correspond au dessin.

1. Jacques _____

2. Mes parents _____

3. Mon amie _____

4. Mes frères _____

5. Mon camarade _____

6. Moi, _____

B. Le week-end de Jacques. Répondez aux questions suivantes en utilisant les expressions données.

1. Faut-il qu'il finisse son ménage demain? (Non,... devoir finir... aujourd'hui.) _____

_____

2. Qu'est-ce qu'il a reçu ce matin? (... sa commande.) _____

_____

3. Est-ce qu'il va acheter du vin au supermarché? (Non,... boire... eau minérale.) _____

_____

4. Est-ce qu'il doit aller chez le boucher? (Oui,... devoir de l'argent.) _____

_____

5. Qu'est-ce qu'il va servir avec le poisson? (Tous ses amis... boire... vin blanc.) _____

_____

6. Est-ce que ses amis vont apporter quelque chose? (Oui,... devoir apporter... dessert.) _____

_____

C. Le bonheur. Pour être heureux (-euse), qu'est-ce que vous devez faire?

MODÈLE: *Je dois faire des promenades.*

1. _____

2. _____

3. _____

4. _____

5. _____

6. _____

Name _____ Section _____ Date _____

II. Irregular verbs in the subjunctive

A. En vacances. Complétez les phrases suivantes avec les verbes donnés.

1. Je voudrais que vous _____ des vacances. (prendre)

2. Il est probable qu'il _____ à la Martinique. (aller)

3. Il pense que tu _____ avec moi. (venir)

4. Ils sont sûrs que nous _____ partir demain. (pouvoir)

5. Nous doutons qu'il _____ là-bas. (pleuvoir)

6. Il est possible que je _____ revenir dans trois jours. (devoir)

7. Etes-vous désolé que Marc ne _____ pas nous suivre? (vouloir)

8. Je pense que vous _____ du beau temps. (avoir)

B. Faisons des courses. Faites des phrases complètes avec les mots donnés.

1. Il / falloir / que / vous / faire / courses _____

   _____

2. Vouloir / vous / que / nous / prendre / pâté? _____

   _____

3. Je / regretter / que / marchande / ne... pas / nous / voir _____

   _____

4. Il / être / certain / que / nous / aller / boulangerie / aussi _____

   _____

5. Je / penser / que / ils / vouloir / café / après / promenade _____

   _____

6. Il vaut mieux / que / on / aller / dans une brasserie _____

   _____

7. Elle / être / sûr / que / vous / pouvoir / trouver / choucroute _____

   _____

8. Il / falloir / que / je / prendre / autobus / pour / rentrer _____

   _____

C. Faites les prévisions de la météo en utilisant des éléments dans les quatre colonnes.

Cet après-midi	il est possible		faire beau / mauvais
Ce soir	il est probable		faire chaud / froid
Demain	je doute	que	faire du vent / du soleil
Ce week-end	il est certain		pleuvoir
	je pense		neiger
	je ne pense pas		

1. _____

2. _____

3. _____

4. _____

III. Negatives

A. Prenons un verre. Répondez négativement aux questions suivantes.

1. Qu'est-ce que tu as vu ce matin au centre-ville? _____

_____

2. Est-ce que vous avez encore soif? _____

_____

3. Vous voulez manger quelque chose? _____

_____

4. Qui avez-vous rencontré au café? _____

_____

5. Venez-vous souvent à cette brasserie? _____

_____

6. Vous voulez payer nos deux boissons? _____

_____

Name _____ Section _____ Date _____

B. Comment expliquez-vous cela? Répondez aux questions suivantes d'après les indications données.

1. Il y avait quelque chose sur la table, et maintenant? (ne... rien) _____

_____

2. Quelqu'un descend? (Non, personne) _____

_____

3. Il y avait du vin dans la bouteille, et maintenant? (ne... plus) _____

_____

4. Il y avait trois livres sur le bureau, et maintenant? (ne... que deux...) _____

_____

5. Qui voyez-vous dans la voiture? (ne... personne) _____

_____

6. Pierre a deux valises, et Paul? (ne... qu'une...) _____

_____

C. Vos qualités. Voici des qualités personnelles. Dites (*Tell*) si vous êtes toujours (*still*) comme cela, si vous n'êtes plus comme cela, ou si vous n'avez jamais été comme cela.

1. sincère _____

2. méchant(e) _____

3. riche _____

4. intelligent(e) _____

5. beau / belle _____

6. jeune _____

Ecrivons

A. Vos projets. Pour répondre aux questions suivantes, écrivez un paragraphe. Utilisez aussi des expressions comme **il faut que / il est possible que / il est probable que / je ne veux pas / j'ai envie / je doute / je pense.**

Qu'est-ce que vous devez faire aujourd'hui? cet après-midi? ce soir? demain?

_____

_____

_____

_____

_____

_____

_____

_____

B. On fait des provisions. Un samedi, vous faites vos courses chez les commerçants près de chez vous. Dans quelles boutiques allez-vous?

Qu'est-ce que vous achetez? Combien payez-vous? Qu'est-ce que vous n'achetez jamais? Pourquoi?

_____

_____

_____

_____

_____

_____

_____

Name _____ Section _____ Date _____

C. Vos dépenses. Quand avez-vous gaspillé (*wasted*) de l'argent? Racontez l'incident.

_____

_____

_____

_____

_____

_____

REVISION D

Chapitres 10 à 12

A. Trouvez les mots qui complètent les phrases suivantes.

1. Quand vous payez pour emprunter quelque chose, vous le _____.

2. Quand on n'a pas d'argent, on peut régler avec _____.

3. Quand vous avez quelque chose, cela vous _____.

4. Quand une personne vous donne quelque chose, vous le _____.

5. Pour acheter du jambon, il faut aller dans une _____.

6. Un marchand de tabac, de timbres, est un _____.

7. Pour trouver quelque chose dans un grand magasin, on parle avec _____.

8. Pour acheter des crevettes, on va dans _____.

B. Trouvez le contraire des mots en italique.

1. Je ne sais pas *la question*. _____

2. Je *regrette* que vous ne veniez pas. _____

3. Nous buvons *toujours* du vin blanc. _____

4. Sa voiture *marche bien*. _____

5. *Beaucoup de gens* vont au supermarché le dimanche. _____

6. *Il se peut* que nos amis partent bientôt. _____

7. *Il se peut* que nous allions en Europe. _____

8. Ils *ne* connaissent *personne* ici. _____

C. Ecrivez une phrase complète pour illustrer les mots suivants.

1. tenir à _____

2. régler _____

3. contenir _____

4. consulter _____

5. ne... plus _____

6. falloir _____

7. devoir (meaning *to owe*) _____

8. avoir peur _____

D. Trouvez le commerçant ou le magasin où on peut acheter les choses suivantes.

_____ 1. un rosbif   a. le buraliste

_____ 2. des œufs   b. la papeterie

_____ 3. une truite   c. la boulangerie

_____ 4. un gâteau   d. la crémerie

_____ 5. un stylo   e. la pâtisserie

_____ 6. une télécarte   f. la boucherie

_____ 7. du pain   g. la charcuterie

_____ 8. une côtelette de porc   h. la poissonnerie

Name _____ Section _____ Date _____

CHAPITRE 13

La santé

I. Stem-changing verbs

A. Faisons connaissance! Complétez les phrases suivantes avec les verbes donnés.

répéter	inquiéter	enlever	promener	posséder
sécher	appeler	acheter	préférer	espérer

1. Comment vous _____-vous?

2. Vous aimez la musique classique? Nous, nous _____ le jazz.

3. Est-ce que vos parents ont loué votre maison ou est-ce qu'ils l'_____?

4. Marc, _____ tes chaussures!

5. Vous _____ souvent vos enfants?

6. Mon frère n'_____ jamais _____ de cours et il a

toujours obtenu de bonnes notes.

7. _____-vous de bons CD?

8. J'_____ qu'il va faire beau; j'ai envie de faire une promenade.

9. La lettre d'Isabelle m'_____. Elle semble très triste.

10. Elle _____ toujours la même chose.

B. A mon tour de poser des questions! Répondez aux questions suivantes avec des phrases complètes.

1. Où achetez-vous vos vêtements? _____

_____

2. Préférez-vous du coca ou de l'eau pour dîner? _____

_____

3. Comment s'appelle votre père? _____

_____

4. Qu'est-ce que vous possédez de très cher? _____

_____

5. Ça vous embête quand les gens répètent les questions? _____

_____

6. Qu'est-ce que vous espérez faire dans la vie? _____

_____

7. Est-ce que l'avenir vous inquiète? Pourquoi ou pourquoi pas? _____

_____

C. **Les excuses.** Vous avez séché votre cours de français vendredi dernier. Ecrivez un paragraphe à votre professeur. Commencez votre paragraphe avec **«J'étais absent(e) parce que... »** et choisissez vos excuses dans la liste suivante.

ne pas posséder de voiture
appeler un taxi... ne pas arriver à temps
préférer aller à l'église
acheter un CD pour apprendre le français
police... enlever ma bicyclette
ne pas vouloir inquiéter mes parents parce que... étudier trop
répéter la leçon chez moi
espérer... vous... ne pas venir en cours
lever la main trop souvent... avoir mal au bras maintenant
avoir une maladie grave

_____

_____

_____

_____

_____

_____

_____

_____

126 *Rapports* ■ Workbook

Name _____ Section _____ Date _____

II. Reflexive verbs: Present tense, *futur proche,* and the infinitive

A. Connaissez-vous la géographie? Où se trouvent les villes suivantes?

MODÈLE: Paris   *Paris se trouve en France.*

1. Milan _____

2. Lisbonne _____

3. Trois-Rivières _____

4. Rio et Brasilia _____

5. Dakar _____

6. Casablanca _____

B. Un nouvel étudiant. Refaites les phrases suivantes selon les indications données.

1. Il se promène souvent? (Je...) _____

_____

2. Il se réveille tôt mais il ne se lève pas. (Nous...) _____

_____

3. Il se repose le week-end. (Demain...) _____

_____

4. Est-ce qu'il veut de l'argent pour s'amuser? (Vous...) _____

_____

5. Il se déshabille avant de dîner? (... pouvoir...) _____

_____

6. Il aime se détendre l'après-midi. (Je...) _____

_____

7. Tu vas te rappeler son nom demain? (... maintenant?) _____

_____

8. Ce soir, il doit se coucher de bonne heure. (Il faut que...) _____

_____

C. Qu'est-ce qui ne va pas? Complétez les phrases suivantes avec un des verbes réfléchis donnés.

se promener   se déshabiller   se coucher   s'endormir
se rappeler   se dépêcher   s'inquiéter   se trouver

1. Vous avez l'air fatigué. A quelle heure _____ en général?

2. Où _____ votre bureau? Est-ce loin?

3. J'ai besoin de vous examiner. Vous pouvez _____?

4. Vous _____ pendant les repas; ce n'est pas normal.

5. Vous ne _____ pas si vous avez de la fièvre le matin?

6. Si je ne _____ pas, la pharmacie va être fermée.

7. Ne _____ pas. Votre père est en retard mais il va arriver bientôt.

8. Essayez de _____ avant de vous coucher.

D. Chez le psychiatre (*psychiatrist*). Vous êtes psychiatre et vous posez des questions à un patient. Formez des questions avec les mots donnés. Employez l'inversion.

1. Vous / s'appeler / Napoléon? _____

2. Vous / se rappeler / votre nom? _____

3. Pourquoi / vous / se déshabiller / dans / rue? _____

_____

4. Il / être / essentiel / vous / se laver / toutes les quinze minutes? _____

_____

5. Où / nous / se trouver / maintenant? _____

_____

6. De quoi / vous / s'inquiéter / souvent? _____

_____

III. Reflexive verbs: *Passé composé* and imperative

A. Françoise au travail. Mettez les phrases suivantes au passé composé.

1. Françoise ne se dépêche pas pour aller au travail. _____

_____

2. Elle ne se lève pas avant sept heures. _____

_____

3. Elle s'habille dans sa chambre. _____

_____

4. Elle s'endort devant son petit déjeuner. _____

_____

5. Elle s'amuse trop le soir. _____

_____

6. Nous nous inquiétons pour rien. _____

_____

B. Une journée à la plage. Traduisez les phrases suivantes.

1. On weekends, we like to relax. _____

_____

2. Last weekend, we had to get up early. _____

_____

3. Let's have a good time at the beach! _____

_____

4. I got dressed quickly. _____

5. Hurry up, please. _____

6. You didn't remember the radio. _____

_____

7. Don't get undressed on the beach! _____

_____

8. Where was your car located after your day at the beach? _____

_____

C. **Dimanche dernier chez les Chabert.** Ecrivez un paragraphe pour décrire l'illustration suivante.

_____

_____

_____

_____

_____

_____

_____

Ecrivons

A. **Ma journée.** Racontez votre journée d'hier. Employez des verbes comme **se réveiller, se lever, se laver, se dépêcher, s'amuser, se détendre, se coucher, avoir mal à,** etc.

_____

_____

_____

_____

_____

_____

_____

B. **Les conseils de vos parents.** Faites une liste de six conseils que vos parents vous donnent.

MODÈLE: *Ne t'amuse pas trop!*

_____

_____

_____

_____

_____

_____

C. **Interaction.** Ecrivez un dialogue entre un médecin et son / sa patient(e).

_____

_____

_____

_____

_____

_____

D. Soyez artiste. Un extra-terrestre arrive dans votre ville. Voici sa description. Dessinez-le. (*Draw him.*)

Il a deux têtes. La tête de gauche a trois yeux mais la tête de droite n'a qu'un œil. Les deux têtes ont une oreille. Il a un gros cou. Il a trois dents dans la bouche. Il a aussi quatre jambes, mais il n'a qu'un bras. Le bras a une main avec sept doigts. Ses pieds sont très grands. Il est très sympathique et il passe beaucoup de temps à écouter son Walkman.

CHAPITRE 14

Les sports

I. Verbs ending in *-ire*

A. Deux enfants se disputent (*argue*). Refaites les phrases suivantes en employant les mots entre parenthèses.

1. Tu ne lis pas. (... sais...) _____

2. Tu ne dis jamais la vérité. (Ton frère et toi...) _____

_____

3. Ton père conduit une vieille voiture. (Tes parents...) _____

_____

4. Ne décris pas ta chambre, s'il te plaît. (... s'il vous plaît.) _____

_____

5. Ta sœur traduit tes devoirs en anglais. (Tes sœurs...) _____

_____

6. Le magasin de ton père ne produit rien. (... l'année dernière.) _____

_____

7. Il est certain que tu dis des mensonges. (Faut-il... ?) _____

_____

8. Toute ta famille se conduit comme des enfants. (Quand nous étions en vacances,...) _____

_____

B. *Les Misérables.* Complétez chaque phrase avec la forme appropriée d'un des verbes suivants.

dire   produire   traduire   écrire   lire   décrire

1. Victor Hugo _____ *Les Misérables.*

2. On l'_____ en beaucoup de langues.

3. Nous ne l'_____ pas _____ parce qu'il est trop long.

4. Sur Broadway, on _____ une comédie musicale basée sur le roman.

5. Cela _____ la vie d'un ancien prisonnier (*prisoner*).

6. Les critiques _____ que la pièce est excellente.

C. Que dit-on dans les situations suivantes? Ecrivez une phrase complète dans chaque situation.

MODÈLE: Quelqu'un vous sert l'apéritif.
               Quand quelqu'un me sert l'apéritif, je dis «A la tienne».

«Au revoir»   «Bonne nuit»   «Bonjour»   «Merci»
«Entrez»   «Allô»   «Ne t'inquiète pas»   «Dépêche-toi»

1. Quelqu'un arrive chez vous. _____

_____

2. Quelqu'un donne de l'argent à vos frères. _____

_____

3. Quelqu'un part de chez vos amis. _____

_____

4. Quelqu'un est chez vos parents et il va se coucher. _____

_____

5. Quelqu'un sonne à la porte de votre appartement. _____

_____

6. Quelqu'un téléphone chez ton copain. _____

_____

7. Quelqu'un est en retard pour un dîner chez vous. _____

_____

8. Quelqu'un a peur de passer un examen avec vos camarades et vous. _____

_____

II. Demonstrative pronouns

A. Pierre et Lise attendent le métro. Complétez chaque phrase avec la forme correcte du pronom démonstratif.

1. —Tu préfères l'école des Ouellette ou _____ de tes amis anglais?

2. —Tu écoutes les émissions sportives de Radio Canada ou tu regardes _____ de CBS?

3. —Ce soir, j'ai invité mes amies et _____ de ma sœur pour regarder un match de hockey.

4. —Tu vas servir cette bière-ci ou _____-là?

5. —Voilà le métro! Je l'aime bien. _____ de Paris est moins agréable.

6. —Le métro de New York est plus dangereux que _____ de Montréal.

7. —Et quand tu voyages, tu prends les avions d'Air Canada ou _____ d'Air France?

8. —Les avions d'Air Canada, parce qu'ils montrent les films des Français et _____ des Québécois.

B. Lectures préférées. Répondez aux questions suivantes en employant les mots entre parenthèses et des pronoms démonstratifs.

1. Aimez-vous les pièces de Racine? (... préférer... de Molière.) _____

_____

2. Vont-ils à la bibliothèque de l'université? (Non,... de la ville.) _____

_____

3. A-t-elle choisi ce livre-ci? (Non,... -là.) _____

_____

4. Que pensez-vous des poèmes de Frost? (... préférer... de Dickinson.) _____

_____

5. Tu veux lire cette revue-ci ou cette revue-là? (Donne... -là.) _____

_____

6. Connaissent-ils les contes de Maupassant? (Non,... de Poe.) _____

_____

C. Qu'est-ce que vous préférez? Indiquez vos préférences en utilisant des pronoms démonstratifs.

MODÈLE: jeans
               Je préfère ceux de Calvin Klein.

1. chocolat _____

2. pizza _____

3. politique _____

4. vêtements _____

5. glace _____

6. équipe de base-ball _____

III. Possessive pronouns

A. Nos possessions. Changez les phrases suivantes en utilisant des pronoms possessifs.

MODÈLE: Ce Walkman est à moi.
              C'est le mien.

1. Ces bicyclettes sont à nous. _____

2. Ce maillot est à elle. _____

3. Ces skis sont à eux. _____

4. Cet argent est à toi? _____

5. Ce verre n'est pas à elle. _____

6. Ces journaux sont à vous? _____

7. Cette revue m'appartient. _____

8. Ces cartes sont celles de mes amis. _____

Name _____ Section _____ Date _____

B. On a fait la lessive ensemble. Répondez aux questions suivantes en employant des pronoms possessifs.

MODÈLE: Ce jean t'appartient?
          Oui, c'est le mien.

1. Est-ce que ce pantalon est à Louise? _____

2. Ce sont vos chaussettes? _____

3. Vous avez nos chemises ou celles de Robert? _____

4. Est-ce qu'elle a leurs jupes ou celles de Marie? _____

   _____

5. Parlez-vous de vos vêtements ou des nôtres? _____

   _____

6. Tu as trouvé ton chemisier ou celui de Françoise? _____

   _____

C. Faites une comparaison entre votre pays et la France à propos (*about*) des choses suivantes.

MODÈLE: les vins
          Les nôtres sont bons; les leurs sont magnifiques.

1. les restaurants _____

   _____

2. les voitures _____

   _____

3. les universités _____

   _____

4. les villes _____

   _____

5. les fromages _____

   _____

6. l'architecture _____

   _____

Ecrivons

A. Répondez aux questions suivantes pour écrire un paragraphe.

Qu'est-ce que vous lisez? Aimez-vous les romans? Quels romans préférez-vous? Avez-vous déjà écrit des poèmes? Pour qui? Ecrivez-vous souvent des lettres? A qui? Préfère-t-il / elle vos lettres ou celles d'un(e) autre ami(e)? Qu'a-t-il / elle dit de vos lettres? Qui vous écrit le plus souvent? Pourquoi? Quelles lettres sont plus intéressantes, les vôtres ou les siennes?

_____

_____

_____

_____

_____

_____

_____

_____

_____

B. Que pensez-vous du système métrique? Quand l'utilisez-vous? Préférez-vous notre système? Pourquoi?

_____

_____

_____

_____

_____

_____

_____

_____

C. Décrivez votre vie sportive. Quels sports pratiquez-vous et quels sports ne voulez-vous pas pratiquer? Donnez vos raisons.

_____

_____

_____

_____

_____

_____

_____

_____

CHAPITRE 15

Les arts

I. Verbs followed by infinitives

A. Un débat de lecteurs. Complétez ces opinions de lecteurs avec une préposition, s'il y a lieu (*if necessary*).

1. Je n'ai pas de mal _____ comprendre vos idées.

2. Nous n'avons pas pu _____ éviter _____ répondre à votre lettre sur

   la langue française.

3. Qu'est-ce que vous avez cherché _____ expliquer?

4. Les gens ont tort _____ penser cela.

5. Il vaut mieux _____ dire la vérité.

6. Vous avez réussi _____ rendre ces problèmes fascinants.

7. Nous voulons _____ continuer _____ lire vos opinions.

8. Vous savez _____ intéresser vos lecteurs.

B. Je déteste le lundi. Formez des phrases complètes avec les mots donnés pour décrire la journée de lundi de Frédéric.

1. Je / ne... pas / réussir / se lever / tôt _____

   _____

2. Je / ne... pas / avoir envie / aller / université _____

   _____

3. Mes parents / s'amuser / me / téléphoner / sept heures _____

_____

4. Je / hésiter / répondre _____

5. Je / ne... pas aimer / prendre / petit déjeuner / avant onze heures _____

_____

6. Mes frères / ne... pas / me laisser / faire / grasse matinée _____

_____

C. **Conversation au téléphone.** Traduisez les phrases suivantes.

1. It is better to call me early. _____

_____

2. We need to talk about this problem. _____

_____

3. My mother succeeded in selling the house. _____

_____

4. I hope to see her soon. _____

_____

5. My parents love to visit this city. _____

_____

6. Do you really insist on inviting their friends? _____

_____

7. I prefer to listen to your wife. _____

_____

8. Your brother can't avoid saying stupid things. _____

_____

Name _____ Section _____ Date _____

D. Autobiographie. Parlez de vous en faisant trois phrases avec chaque verbe.

MODÈLE: penser
Je pense voyager l'été prochain.

1. savoir

_____

_____

_____

2. hésiter

_____

_____

_____

3. adorer

_____

_____

_____

4. avoir besoin

_____

_____

_____

II. Verbs followed by nouns

A. Au restaurant. Complétez chaque phrase avec une préposition et/ou un article s'il y a lieu.

1. Demandez _____ carte _____ garçon.

2. Avez-vous téléphoné _____ vos parents?

3. Tu as oublié de changer _____ chemise!

4. Rappelle _____ garçon _____ apporter de l'eau.

5. Il est parti chercher _____ les boissons.

6. _____ quoi pensez-vous maintenant?

7. Tiens, on va jouer _____ guitare.

8. Moi, je vais chercher _____ quelqu'un pour prendre notre commande.

B. De bons conseils. Formez des phrases complètes avec les mots donnés.

1. Ne... pas / jouer / golf / pendant / semaine _____

_____

2. Obéir / police _____

3. S'occuper / votre / affaires _____

_____

4. Dire / toujours / vérité / votre / amis _____

_____

5. Téléphoner / souvent / votre / parents _____

_____

6. Rendre visite / votre / grand-père / et / votre / grand-mère / pendant / vacances _____

_____

C. Vos projets (*plans*). Quels sont vos projets pour le week-end prochain? Ecrivez six phrases en utilisant les verbes donnés.

téléphoner	s'occuper	rendre visite	chercher
jouer	demander	regarder	penser

1. _____

2. _____

3. _____

4. _____

5. _____

6. _____

Name _____ Section _____ Date _____

III. The pronouns *y* and *en*

A. La journée des Guichard. Répondez aux questions suivantes selon les indications. Remplacez les mots en italique par un pronom.

1. Avez-vous téléphoné *aux Guichard*? (Oui,...) _____

_____

2. Est-ce qu'ils sont *à la maison*? (Non,...) _____

3. Ils sont allés *au café*? (Oui,...) _____

4. Ils n'ont pas demandé *au garçon* d'apporter *du thé*? (Si,...) _____

_____

5. Il n'y avait plus *de thé*? (Non,...) _____

6. Alors, ils ont commandé *des cafés*? (Oui,...) _____

_____

7. Le garçon a apporté quatre *cafés*? (Non,... trois.) _____

_____

8. Est-ce qu'ils ont passé l'après-midi à parler de *leurs enfants*? (Oui,...) _____

_____

9. Ils n'ont pas été contents *de leur journée*? (Si,...) _____

_____

10. Avant de rentrer, ils ont rendu visite *à leurs parents*? (Oui,...) _____

_____

B. L'espionnage. Vous êtes espion(ne) (*spy*) et on vous a pris(e). Répondez négativement aux questions suivantes en employant un pronom.

1. Vous intéressez-vous à la politique? _____

_____

2. Pensez-vous souvent à votre pays? _____

_____

3. Avez-vous un magnétophone avec vous? _____

_____

4. Avez-vous visité la Chine? Etes-vous déjà allé à Tripoli? _____

_____

5. Vous avez pris beaucoup de photos? _____

_____

6. Tenez-vous à revoir votre famille? _____

_____

C. **Vos réactions.** Ecrivez une phrase en utilisant les verbes donnés et un pronom pour indiquer votre réaction aux idées suivantes.

MODÈLE: les contrôles anti-doping?   (trouver)
        Je les trouve importants.

1. le cinéma? (s'intéresser) _____

_____

2. les journaux? (lire) _____

_____

3. la qualité des œuvres littéraires? (s'inquiéter) _____

_____

4. les musiciens modernes? (parler souvent) _____

_____

5. la poésie? (avoir besoin) _____

_____

6. les comédies musicales? (tenir) _____

_____

Name _____ Section _____ Date _____

Ecrivons

A. Votre avenir. Répondez aux questions suivantes pour écrire un paragraphe.

Qu'est-ce que vous avez décidé de faire comme métier? Tenez-vous beaucoup à travailler? Quelle sorte de métier avez-vous choisi de faire? Avez-vous envie de gagner beaucoup d'argent? Faut-il beaucoup d'argent pour être heureux? Expliquez.

_____

_____

_____

_____

_____

_____

B. Les arts. Quel rôle est-ce que les arts jouent dans votre vie? Savez-vous jouer d'un instrument? Avez-vous envie d'en étudier un? Vous intéressez-vous à l'art? Etes-vous peintre? sculpteur? danseur / danseuse? acteur / actrice? Parlez de vos créations artistiques ou de celles que vous admirez.

_____

_____

_____

_____

_____

_____

C. Le cinéma. Allez-vous souvent au cinéma? Parlez d'un film que vous avez trouvé très impressionnant. Expliquez pourquoi.

_____

_____

_____

_____

_____

_____

_____

REVISION E

Chapitres 13 à 15

A. Trouvez les mots qui complètent les phrases suivantes.

1. Je n'ai pas pu entendre parce que j'ai mal _____.

2. Jean-Jacques n'est pas venu en classe aujourd'hui; il a _____.

3. Le Tour de France est divisé en plusieurs _____.

4. Quand on se déshabille, on _____ ses vêtements.

5. Les Picard adorent manger du poisson; alors ils vont souvent à la _____.

6. Jean-Claude Killy était un grand champion de _____.

7. Dans *Les Misérables,* il _____ d'un homme qui a passé beaucoup de temps en prison.

8. Les personnes qui lisent un journal sont des _____.

B. Donnez un synonyme pour les mots en italique.

1. Jacqueline et son amie sont rentrées *de bonne heure.* _____

2. Mon copain *fait une promenade* tous les matins. _____

3. *J'aime mieux* le rugby. _____

4. Anne Marie *a* beaucoup de talent. _____

5. Lausanne *est* en Suisse. _____

6. Nous voulons acheter *un magazine* de santé. _____

7. Est-ce que Pauline a réussi à trouver *une profession* intéressante? _____

8. Tu as *essayé de* lui téléphoner? _____

C. Trouvez un antonyme pour les mots en italique.

1. *J'ai oublié* le nom de cet auteur. _____

2. Les enfants des Martin *vont très bien* aujourd'hui. _____

3. Ton portefeuille est *plein*; allons à la banque! _____

4. Mon frère ne dit que des *choses intelligentes*. _____

5. *Nous nous réveillons* quand le professeur parle. _____

6. Elles *ont raison* de tenir à faire cela. _____

7. Mon camarade de chambre *a évité de* se laver. _____

8. J'espère que tu *réussis* à l'examen. _____

D. Une **balle** est petite; un **ballon** est grand. En deux phrases complètes, nommez (*name*) quatre sports qu'on pratique avec une **balle** et quatre qu'on pratique avec un **ballon.**

1. _____

_____

2. _____

_____

E. Nommez cinq musicien(ne)s que vous admirez. De quoi jouent-ils / elles?

MODÈLE: *Ray Charles joue du piano.*

1. _____

2. _____

3. _____

4. _____

5. _____

CHAPITRE 16

Le français aux États-Unis

I. The relative pronouns *qui, que,* and *où*

A. Chez nous. Complétez chaque phrase avec un pronom relatif.

1. Nous habitons une ville _____ il fait beau tous les jours.

2. La rue _____ j'habite est très agréable.

3. Aimez-vous l'appartement _____ j'ai loué?

4. Qui est l'homme _____ habite au sixième étage?

5. Est-ce Jacques _____ a choisi les meubles?

6. Je n'ai pas pu trouver le fauteuil _____ elle m'a décrit.

7. L'armoire _____ elle a achetée est jolie.

8. Cette lampe est celle _____ je veux.

9. Il n'a pas expliqué _____ il a trouvé son divan.

10. C'est vous _____ avez acheté cette étagère?

B. Conversation dans la cuisine. Mettez les phrases suivantes au passé composé.

1. Voilà la viande qu'il achète. _____

_____

2. Aimez-vous les gâteaux que je vous fais? _____

_____

3. L'évier où je fais la vaisselle est trop petit. _____

_____

4. Ils aiment la tarte que nous préparons. _____

_____

5. C'est moi qui range les affaires dans le frigidaire. _____

_____

6. La cuisine est la pièce où les enfants s'amusent. _____

_____

C. Samedi après-midi à la résidence. Formez une phrase en combinant les deux phrases données.

1. Il a eu la chambre. Il voulait la chambre. _____

_____

2. J'aime la chaîne stéréo. Il a emprunté la chaîne stéréo. _____

_____

3. Il va aller danser avec une fille. Cette fille habite dans la résidence. ____

_____

4. Il a perdu la clé. Je lui avais prêté la clé. _____

_____

5. Nous avons visité l'université. Sa sœur est étudiante dans cette université. ____

_____

6. Ils regardent un film. Le film est fascinant. _____

_____

7. Donnez-moi le stylo. Le stylo est sur la table de nuit. _____

_____

8. Voilà le canapé. Daniel a dormi sur le canapé. _____

_____

Name _____ Section _____ Date _____

D. Votre appartement. Soulignez (*Emphasize*) les mots en italique en employant les expressions **C'est** et **Ce sont** plus un pronom relatif.

1. J'ai choisi *les meubles*. _____

_____

2. *Vous* vendez cet appartement? _____

_____

3. Vous allez *là* tous les soirs? _____

_____

4. *Mme Vincent* est la concierge de cet immeuble. _____

_____

5. *Je* vais demander le prix du loyer. _____

_____

6. Nous n'avons pas utilisé *la cuisine*. _____

_____

II. The conditional mood

A. Conversations avant le cours. Complétez chaque phrase avec le conditionnel du verbe donné.

1. Sans beaucoup de travail, je ne _____ (réussir) pas aux examens.

2. Avec des idées comme les tiennes, je ne _____ (dire) rien.

3. Tu _____ (devoir) faire attention en cours.

4. _____-tu (pouvoir) me prêter ton cahier?

5. Le prof ne _____ (faire) pas cela.

6. A ta place, je _____ (s'inquiéter).

7. Elles ne _____ (sécher) jamais ce cours.

8. Sans le professeur, tu ne _____ (voir) pas tes fautes.

9. Nous n'_____ (avoir) pas le temps de tout étudier.

10. _____-tu (vouloir) me téléphoner ce soir?

B. Soyons polis! Changez les phrases suivantes en essayant d'être plus poli(e).

MODÈLE: Donnez-moi une bière.
         Pourriez-vous me donner une bière?

1. Je veux un verre de lait. _____

   _____

2. Il faut que tu prépares mon dîner. _____

   _____

3. Passez-moi le bifteck! _____

   _____

4. Nous voulons manger maintenant. _____

   _____

5. Voulez-vous utiliser la machine à laver? _____

   _____

6. Attends après dîner. _____

   _____

Name _____ Section _____ Date _____

C. Qu'est-ce qu'on devrait faire dans les situations suivantes?

MODÈLE: Vous avez mal à la tête.
          Je devrais aller chez le médecin.

1. Vous avez un examen demain. _____

_____

2. Votre ami n'a jamais d'argent. _____

_____

3. Vous avez soif / faim. _____

_____

4. Vos camarades sèchent tous leurs cours. _____

_____

5. Vous êtes fatigué(e). _____

_____

6. Votre camarade de chambre échoue à ses examens. _____

_____

7. Un ami veut louer un appartement. _____

_____

8. Les étudiants de votre université ont trois jours de vacances. _____

_____

9. Vous avez besoin de meubles. _____

_____

10. Vos parents veulent visiter l'Europe. _____

_____

D. Voudriez-vous changer votre vie? Imaginez un changement important dans votre vie (**Sans mes amis, Avec beaucoup d'argent, Si j'étais enfant...**) et expliquez comment votre vie serait différente.

_____

_____

_____

_____

_____

_____

III. Expressing time with *pendant, depuis,* and *il y a*

A. Au cinéma. Complétez les phrases suivantes avec une des expressions de temps données.

pendant   depuis   il y a   en   dans

1. Nous avons décidé d'aller voir le film de Berri _____ trois jours.

2. Nous nous sommes dépêchés et nous sommes arrivés _____ quinze minutes.

3. _____ vingt minutes que nous faisons la queue.

4. Le film va commencer _____ cinq minutes.

5. Berri fait de bons films _____ plusieurs années.

6. Nous avons de la chance parce que nos amis ont attendu _____ une heure pour voir

ce film.

B. Chez moi. Traduisez les phrases suivantes.

1. We have lived on the rue de Rome for ten years. _____

_____

2. I have the room of my sister who went to Geneva three years ago. _____

_____

3. In a month she will return to work in town. _____

_____

4. We lived on the second floor for six years. _____

_____

5. I have known our neighbors for only six months. _____

_____

6. I would like to leave home in a year. _____

_____

C. Avez-vous du talent? Qu'est-ce que vous savez faire? Depuis combien de temps?

MODÈLE: *Je sais jouer du piano depuis dix ans.*   [*or*]
          Il y a dix ans que je sais jouer du piano.

1. _____

2. _____

3. _____

Mentionnez trois de vos plus grands succès et dites quand vous les avez eus.

MODÈLE: *J'ai eu mon bac il y a un an.*

1. _____

2. _____

3. _____

Ecrivons

A. A la place du Président, que feriez-vous? Employez des verbes au conditionnel.

donner de l'argent...   connaître le problème de...
être plus / moins...   inviter...
avoir peur de...   voir des touristes...
savoir les réponses...   savoir où se trouve(nt)...
choisir d'autres...   parler à...
aller à / en...   nommer... à la Cour suprême

_____

_____

_____

_____

_____

_____

_____

_____

B. Décrivez la maison / l'appartement de vos parents ou votre appartement. Combien de pièces y a-t-il? Qu'est-ce qu'on y trouve?

_____

_____

_____

_____

_____

_____

_____

_____

Name _____ Section _____ Date _____

C. Avez-vous cherché quelque chose dans les petites annonces? Quel journal avez-vous consulté? De quoi aviez-vous besoin? A qui avez-vous téléphoné? Décrivez vos efforts.

_____

_____

_____

_____

_____

_____

_____

_____

_____

_____

D. Décrivez un des appartements suivants annoncés dans *Le Figaro*.

tt = tout   **cft** = confort   **M°** = Métro

Offres Vides 11ᵉ

RÉPUBLIQUE
2 P., tt cft, 1ᵉʳ ét., cuis. équipée, 3.300 F + 200 F ch. Ce jour 13 h-17 h, 95, rue de la Folie-Méricourt.

M° PHILIPPE-AUGUSTE
192, bd de Charonne. 2-3 p., tt cft, soleil. 3.500 F. + ch. S/pl. samedi 3-9 de 10 h 30 à 13 h.

PARMENTIER, studette, bains, 2.100 F net, 92, rue Oberkampf, 13 h.

_____

_____

_____

_____

_____

_____

_____

_____

CHAPITRE 17

Le français au Québec

I. The future tense

A. La semaine prochaine. Changez les verbes du présent au futur dans les phrases suivantes.

1. Ma famille va au Québec. _____

2. Nous prenons l'avion à quatorze heures. _____

_____

3. Nous arrivons à Montréal à seize heures trente. _____

_____

4. Je vois la vieille ville. _____

5. Ma sœur peut parler français. _____

_____

6. On s'amuse bien. _____

B. Résolutions pour le Nouvel An. Formez des phrases complètes avec les mots donnés et utilisez le futur.

1. Je / passer / plus de temps / dans / nature _____

_____

2. Je / s'occuper / jardin _____

3. Je / lire / beaucoup / articles / sur / pluie acide _____

_____

4. Mon / amis / et moi, / nous / faire / plus / attention / recyclage _____

_____

5. L'été, nous / construire / appartements / pour / sans-logis _____

_____

6. Nous / s'intéresser / problèmes écologiques _____

_____

C. **Vos résolutions.** Faites des résolutions pour l'année prochaine. Employez le futur proche si vous êtes sûr(e) de pouvoir les tenir, ou le futur si vous n'en êtes pas certain(e).

1. _____

_____

2. _____

_____

3. _____

_____

4. _____

_____

5. _____

_____

II. *Si* clauses

A. Cause et effet. Refaites les phrases suivantes en les combinant avec **si** et le futur. Suivez le modèle.

MODÈLE: J'ai le temps. Je fais des courses.
Si j'ai le temps, je ferai des courses.

1. Tu me téléphones. Je fais une promenade avec toi. _____

_____

2. Nous pouvons aller à la montagne. Tu loues une voiture. _____

_____

3. Il ne pleut pas. On prend les petits chemins. _____

_____

4. On passe par Trois-Rivières. On peut descendre dans un petit hôtel sympathique. _____

_____

5. Tu laisses le pourboire. Moi, je paye les boissons. _____

_____

6. Il y a des bateaux à louer. On se promène sur la rivière. _____

_____

B. Au Québec. Faites des phrases complètes avec les mots donnés.

1. Si / nous / y aller / automne / il / y avoir / moins de touristes _____

_____

2. Si / nous / prendre / avion, / nous / arriver / Mirabel _____

_____

3. Prendre / navette / si / vous / ne... pas / avoir / assez d'argent / pour / taxi _____

_____

4. Téléphoner / mes amis / dès que / vous / arriver / en ville _____

_____

5. Si / vous / vouloir / étudier / français / il / falloir que / vous / aller / à l'université de Montréal

_____

_____

6. Aller / château Frontenac / si / vous / vouloir / voir / fleuve _____

_____

C. **Les Morin viendront chez nous.** Refaites les phrases suivantes en employant les mots entre parenthèses.

1. S'ils ne viennent pas, je les appelle. (... demain.) _____

_____

2. Quand ils verront cette maison, ils la reconnaîtront. (Si...) _____

_____

3. Aussitôt qu'ils arriveront, nous prendrons l'apéritif. (... jouer aux cartes.) _____

_____

4. Ils seront surpris quand ils verront notre maison. (... si...) _____

_____

5. Nous pourrons aller à la plage s'ils en ont envie. (... aussitôt que...) _____

_____

6. S'ils s'amusent bien, ils reviennent. (... l'année prochaine.) _____

_____

D. **En 2010.** Que feriez-vous si c'était l'année 2010? Ecrivez cinq phrases.

1. _____

_____

2. _____

_____

3. _____

_____

4. _____

_____

5. _____

_____

III. *Mettre* / Verbs conjugated like *mettre*

A. Notre professeur nous embête. Complétez chaque phrase avec un verbe conjugué comme **mettre**.

1. Où _____-tu _____ tes devoirs?

2. _____-moi de m'aider avant l'examen.

3. Il faut que nous _____ notre travail à l'heure.

4. Moi, je préfère _____ les choses à demain.

5. Si vous _____ de ne plus faire cela, elle ne vous punira pas.

6. Notre prof ne nous _____ pas de manger en classe.

7. Je ne _____ jamais mes pieds sur la table.

8. Quand nous _____ à parler, elle est furieuse.

B. On va dîner avec Paul. Traduisez les phrases suivantes en employant un verbe conjugué comme **mettre.**

1. Allow me to introduce Paul to you. _____

_____

2. Where do I put my coat? _____

_____

3. When can we start to eat? _____

_____

4. I promised to pay for the meal. _____

_____

5. Don't allow the children to bother the others. _____

_____

6. I'd better put my coat back on. _____

_____

C. Remettons à demain... Qu'est-ce que vous n'avez pas voulu faire cette semaine que vous avez remis à plus tard? Trouvez cinq choses.

_____

_____

_____

_____

_____

_____

Ecrivons

A. Que feriez-vous si vous étiez riche? Employez les expressions suivantes ou vos propres idées.

ne... pas travailler	habiter à / en...	promettre de l'argent
ne plus mettre...	aller...	pouvoir

_____

_____

_____

_____

_____

B. Si vous étiez ministre de l'Environnement, que feriez-vous pour augmenter la qualité de la vie?

_____

_____

_____

_____

_____

_____

Name _____ Section _____ Date _____

C. Comment voyez-vous le vingt-deuxième siècle?

_____

_____

_____

_____

_____

_____

D. Voici un extrait d'un formulaire (*form*) qu'on demande aux Canadiens de remplir (*fill out*) quand ils rentrent au Canada. Pensez à un voyage que vous avez fait avec votre famille et remplissez le formulaire comme si vous étiez canadien(ne). Ensuite, écrivez une description du voyage.

Enquête sur les Canadiens revenant d'un voyage international

Bon Retour au Canada

Nous sommes intéressés à obtenir des renseignements sur le voyage que vous venez de terminer. Les renseignements obtenus de cette enquête volontaire seront utilisés par l'industrie du tourisme (les compagnies aériennes, les grossistes en voyages à forfait, etc.) pour mieux vous servir, vous, le public voyageur.

Ce questionnaire de deux pages

English on reverse

¹⁰ 391098

devrait prendre de 10 à 15 minutes de votre temps. L'enquête est menée selon les dispositions de la Loi sur la statistique (L.R.C. 1985, ch. S19) qui garantit la confidentialité des renseignements demandés dans votre questionnaire.

Si des chiffres précis concernant les dépenses de voyage ne sont pas disponibles, des estimations seraient appréciées.

1. Où habitez-vous?
Lieu habituel de résidence
EN LETTRES MOULÉES

Cité/Ville

Prov./Terr.   Code postal

2. Où et quand avez-vous **quitté** le Canada?

Où et quand êtes-vous **revenu(e)** au Canada?

Endroit (poste-frontière ou aéroport canadien)   Jour Mois Année

Aux fins de ce questionnaire, voici la définition d'un **groupe** ► nous vous demandons d'inclure vous-même et **seulement** les personnes pour qui vous ne voyez pas d'inconvénient à rapporter les **dépenses** et les activités.

3. Combien de personnes, y compris vous-même, comptait votre **groupe**?

4. Combien de personnes du **groupe** sont comprises dans les catégories suivantes?

Groupe d'âge ►	Moins de 2 ans	2 à 11	12 à 14	15 à 19	20 à 24	25 à 34	35 à 44	45 à 54	55 à 64	65 à 74	75 ans et plus
Féminin ►	01	02	03	04	05	06	07	08	09	10	11
Masculin ►	12	13	14	15	16	17	18	19	20	21	22

5. Quelle a été la raison **principale** pour laquelle le **groupe** a effectué ce voyage à l'extérieur du Canada?
Veuillez cocher seulement une case.
(Exemple: si, à l'occasion d'un voyage d'affaires, votre conjoint et les enfants vous ont accompagné(e) en vue de visiter des parents, veuillez cocher seulement la rubrique "Affaires".)

Affaires
01 ◯ Réunions
02 ◯ Participer à un congrès, une conférence, une foire commerciale
03 ◯ Autre travail

Agrément
04 ◯ Agrément/vacances
05 ◯ Visiter des amis ou des parents
06 ◯ Se rendre à une résidence secondaire, maison de campagne, copropriété
07 ◯ Participer à des événements, voir des attractions
12 ◯ Autre – *Veuillez préciser* _____

Autre
08 ◯ Raisons personnelles (*visite médicale, mariage...*)
09 ◯ Être en transit pour ailleurs au Canada
10 ◯ Faire des études
11 ◯ Faire des achats

6. À l'occasion de ce voyage à l'extérieur du Canada, un membre du **groupe** a-t-il . . .
Cochez toutes les cases pertinentes.

21 ◯ Visité des amis ou des parents
22 ◯ Assisté à des festivals ou manifestations
23 ◯ Assisté à des manifestations culturelles (*théâtre, concerts . . .*)
24 ◯ Assisté à des manifestations sportives
25 ◯ Fait des achats
26 ◯ Fait des visites/circuits touristiques
27 ◯ Participé à la vie nocturne/ divertissements
28 ◯ Soupé dans des restaurants gastronomiques
29 ◯ Visité un parc thématique
30 ◯ Visité un zoo, un musée, un site naturel

31 ◯ Visité un parc national, d'état ou régional ou un lieu historique
32 ◯ Participé à des activités sportives ou de plein air – *Précisez* ▼
    33 ◯ Natation
    34 ◯ Autres sports aquatiques
    35 ◯ Chasse ou pêche
    36 ◯ Ski de fond
    37 ◯ Ski alpin
    38 ◯ Autres activités sportives – *Précisez*
39 ◯ Autres activités – *Précisez* _____

Name _____ Section _____ Date _____

_____

_____

_____

_____

_____

_____

_____

CHAPITRE 18

Les immigrés

I. Adverbs

A. Interview. Répondez aux questions suivantes avec l'adverbe qui convient (*is suitable*).

1. Comment avez-vous travaillé cette semaine? (là-bas, lentement, hier) _____

   _____

2. Où avez-vous rencontré votre camarade de chambre? (vite, beaucoup, ici) _____

   _____

3. Quand est-ce que vous allez rentrer? (bientôt, ensemble, trop) _____

   _____

4. Combien de poèmes avez-vous appris ce semestre? (probablement, déjà, beaucoup)

   _____

   _____

5. Comment avez-vous choisi vos cours? (prudemment, souvent, partout) _____

   _____

6. Quand allez-vous finir vos cours? (déjà, bien, certainement) _____

   _____

B. Conversation. Posez une question avec le verbe et le premier adjectif ou adverbe donnés. Remplacez l'adjectif par un adverbe quand c'est nécessaire. Ensuite, répondez à la question avec le deuxième adjectif ou adverbe.

MODÈLE: conduire: lent / vite
Conduisez-vous lentement?
Non, je conduis vite.

1. répondre: méchant / poli _____

_____

2. parler: bête / intelligent _____

_____

3. recevoir: froid / chaud _____

_____

4. se détendre: peu / souvent _____

_____

5. terminer: déjà / encore _____

_____

6. partir: demain / hier _____

_____

C. Mentionnez cinq choses que vous faites tous les jours et comment vous les faites.

MODÈLE: *Je prends régulièrement mon petit déjeuner.*

1. _____

_____

2. _____

_____

3. _____

_____

4. _____

_____

5. _____

_____

II. The French equivalents of *good* and *well, bad* and *badly*

A. Mon cours de français. Complétez les phrases suivantes avec la forme correcte de **bon, bien, meilleur, mieux, mauvais** ou **mal.**

1. C'est un _____ professeur. Je l'aime beaucoup.

2. Elle parle français _____ que moi!

3. Malheureusement, j'ai eu de _____ questions aux examens et j'ai échoué.

4. Il vaut _____ que je suive le cours le trimestre prochain.

5. Je ne vais pas faire aussi _____ le semestre prochain.

6. Je serai le _____ étudiant de la classe!

B. Les professions. Changez les adjectifs suivants en adverbes, et vice versa.

MODÈLE: Jacques est un bon danseur.
            Il danse bien.

1. Marc est un bon professeur. _____

2. Sartre était un bon écrivain. _____

3. Anne et Marie étudient bien. _____

4. Robert joue bien dans son dernier film. _____

5. Jean est un bon joueur de football. _____

6. Mon père écrit de bons poèmes. _____

C. Qu'est-ce que vous appréciez? Qu'est-ce que vous détestez? Écrivez cinq phrases avec **bon** et **mauvais.**

MODÈLE: *J'apprécie les bons films.*
            Je n'aime pas les mauvais restaurants.

1. _____

_____

2. _____

_____

3. _____

_____

4. _____

_____

5. _____

_____

III. The comparative and superlative

A. Connaissez-vous les animaux? Formez des phrases complètes avec les mots donnés. Les symboles **+, –** et **=** représentent **plus, moins, aussi** et **autant** respectivement.

1. Mon / chien / être / + méchant / celui de / mon / copine _____

_____

2. cheval / ne... pas être / = rapide / chacal _____

_____

3. vaches / manger / + / lapins _____

_____

4. chats / – intelligent / chiens _____

_____

5. poules / avoir / = dents / canards _____

_____

6. coqs / chanter / = bien / oiseaux _____

_____

7. moutons / manger / – / cochons _____

_____

8. Quel / être / + rapide / tous les animaux? _____

_____

B. Des traits personnels. Refaites les phrases suivantes en employant les mots entre parenthèses.

1. Il fait la cuisine mieux que son père. (... aussi...) _____

   _____

2. Son français est meilleur que le mien. (... moins...) _____

   _____

3. Elle est plus patiente que vous. (... avoir... patience...) _____

   _____

4. Jeanne est la plus sérieuse de sa famille. (Jean... université.) _____

   _____

5. J'ai beaucoup de copains. (Pierre... plus... moi.) _____

   _____

6. Michel a moins de sincérité que Véronique. (... sincère...) _____

   _____

C. Je suis un vantard (*braggart*)! Traduisez les phrases suivantes.

1. I am the handsomest child in my family. _____

   _____

2. I have the best car in town. _____

   _____

3. She has fewer friends than I. _____

   _____

4. Your clothes cost less than mine. _____

   _____

5. I have much more talent than she. _____

   _____

6. My room is the biggest in the dorm. _____

   _____

D. Complétez les phrases suivantes pour indiquer votre opinion des choses suivantes.

1. La bière est la boisson que j'aime _____.

2. Michael Jackson chante _____ que Madonna.

3. Dustin Hoffman est un _____ acteur que Arnold Schwarzenegger.

4. Notre équipe de football américain gagne _____ que l'équipe de

   _____.

5. La télévision est _____ que le cinéma.

6. Le plus grand problème social d'aujourd'hui, c'est _____.

E. Donnez des superlatifs qui montrent vos opinions. Employez les adjectifs donnés en suivant le modèle.

MODÈLE: ennuyeux
        Mon cours d'histoire est le cours le plus ennuyeux de tous mes cours.

fascinant   formidable   grand   froid   important

1. _____

   _____

2. _____

   _____

3. _____

   _____

4. _____

   _____

5. _____

   _____

Name _____ Section _____ Date _____

Ecrivons

A. Composez un paragraphe sur le sujet suivant. Utilisez des adjectifs et des adverbes de comparaison.

Comparez-vous à votre meilleur(e) ami(e) ou à votre frère ou à votre sœur.

plus / moins grand(e), intelligent(e), sympathique, paresseux (-euse)
travailler plus rapidement / lentement
faire du... mieux / plus mal
être un(e) meilleur(e) / plus mauvais(e) étudiant(e), artiste, danseur (-euse)
jouer à / de... mieux / moins bien
danser / parler / écrire mieux ou moins bien

_____

_____

_____

_____

_____

_____

_____

_____

_____

B. Est-ce que vos impressions du monde francophone ont changé cette année? Qu'est-ce que vous comprenez mieux? Y a-t-il des choses en France, au Canada ou en Afrique que vous aimez bien? que vous n'aimez pas? Qu'est-ce que vous aimeriez connaître mieux?

_____

_____

_____

_____

_____

_____

_____

_____

REVISION F

Chapitres 16 à 18

A. Trouvez les mots qui complètent les phrases suivantes.

1. Dagwood aime dormir sur son _____ aussi bien que dans son lit.

2. Pour faire la cuisine vite, on utilise _____.

3. Ils _____ six mois pour construire notre maison.

4. Ma chambre _____ le jardin, et je peux voir les fleurs par ma fenêtre.

5. Un appartement avec huit _____ est trop grand pour une personne.

6. Il y a un restaurant bien connu au deuxième _____ de la tour Eiffel.

7. Ne laisse pas tes vêtements partout. Mets-les dans _____.

8. Ils ne louent pas leur maison. Ils en sont _____.

B. Donnez un synonyme pour les mots en italique.

1. Est-ce que tu vas *bâtir* une nouvelle maison?   _____

2. Il partira *dès qu*'il pourra.   _____

3. Nous te parlerons *lorsque* tu arriveras.   _____

4. Je vais *commencer à* ranger la cuisine.   _____

5. *Il y a* trois jours que nous attendons le facteur.   _____

6. Comment *s'appelle* cette rivière?   _____

7. Elle n'a pas *donné* son examen au professeur.   _____

8. Ils sont sortis *fréquemment*.   _____

C. Trouvez un antonyme pour les mots en italique.

1. Dans cette ville, le chômage *augmente*.   _____

2. Son enfant est vraiment *méchant*.   _____

3. Nous avons passé une journée *magnifique*.   _____

4. Les charges sont *en plus*.   _____

5. Est-ce que tu pourrais *enlever* tes chaussures?   _____

6. C'est le *plus mauvais* film de l'année.   _____

7. Elle *n'est pas encore* là.   _____

8. *Continuez,* s'il vous plaît!   _____

D. Complétez les phrases suivantes. Faites attention aux suggestions entre parenthèses.

1. Je ne sais pas _____ j'ai mis la lampe. (*relative pronoun*)

2. Connaissez-vous le _____ restaurant _____ la ville? (*best*)

3. Où as-tu trouvé le fauteuil _____ est à ta gauche? (*relative pronoun*)

4. Cette pièce est _____ petite _____ l'autre! (*as*)

5. Je n'ai jamais vu _____ gens. (*so many*)

6. On dort _____ quand il fait frais. (*better*)

7. Le Brésil produit _____ ordinateurs que l'Argentine. (*more*)

8. Les Russes ont une station spatiale _____. (*for several years*)

9. Ils n'ont pas les meubles _____ je cherche. (*relative pronoun*)

10. C'est _____ pièce _____ l'année. (*worst*)

Name _____ Section _____ Date _____

E. Partons! Traduisez les phrases suivantes.

1. This is the most boring week of the vacation. _____

   _____

2. We'll go to the beach as soon as we are ready. _____

   _____

3. I would be surprised if we took four hours to get there. _____

   _____

4. Your car is not as big as mine. _____

   _____

5. Will you allow me to leave early? _____

   _____

6. Which suitcases did you put in the car? _____

   _____

7. We'll come back home when it starts to rain. _____

   _____

8. It's more difficult to drive when the weather is bad. _____

   _____

9. It's fantastic! I haven't been there in three years. _____

   _____

10. Twelve years ago, my family rented a house near that river. _____

   _____

F. Quelles sont les meilleures choses de la vie? Nommez-en cinq.

MODÈLE: *Le Châteauneuf du Pape est le meilleur vin de France.*

1. _____

_____

2. _____

_____

3. _____

_____

4. _____

_____

5. _____

_____

G. Que ferez-vous après votre dernier examen final?

_____

_____

_____

_____

_____

_____

_____

Manuel de laboratoire

CHAPITRE PRELIMINAIRE

Bonjour!

Dialogue

You will hear the chapter dialogues twice. The first time you will hear them without pauses. The second time, the speakers will pause for you to repeat phrases after them. Now listen to the first dialogue.

Prononciation

Some Basic Information

Review the explanation of the sounds you are studying before repeating the words and sentences after the speaker.

A. Although French and English use the same alphabet, the combinations of letters and the sounds that they represent can be very different. Each language contains some sounds that do not exist in the other. French has no *th* sound as in *thank,* no *ch* sound as in *children.* English has no **u** sound as in **une,** no **r** sound as in **merci.**

B. Both languages have words containing letters that are not pronounced.

C. In French, as in English, one letter or one combination of letters can be pronounced more than one way.

D. In French, as in English, one sound can be written more than one way.

Exercices

A. Repeat the following words after the speaker.

French: **tar*d*, alle*z*, Madam*e***
English: i*s*land, *k*nife, ni*gh*t

B. Repeat the following words after the speaker.

French: **comme, mer*c*i**
English: *c*all, *c*ircle

C. Repeat the following words after the speaker.

French: **ça, salut, merci, professeur**
English: con*qu*er, *k*itchen, *ch*aracter

D. You will now hear a series of words. Circle the word *English* or *French* in the exercise below to indicate which language the speaker uses.

1. English   French

2. English   French

3. English   French

4. English   French

5. English   French

6. English   French

7. English   French

8. English   French

CHAPITRE 1

La vie universitaire

Dialogue

You will hear the chapter dialogue twice. The first time you will hear it without pauses. The second time, the speakers will pause for you to repeat phrases after them. Now listen to the entire dialogue.

Prononciation

Review the explanation of the sounds you are studying before repeating the words and sentences after the speaker.

The International Phonetic Alphabet

The International Phonetic Alphabet (IPA), which is used in the **Prononciation** sections of this book, simplifies learning new words because each written symbol represents one specific sound. The International Phonetic Alphabet appears in Appendix I of your textbook.

The French Alphabet

A. The French alphabet is the same as the English, but the names of the letters differ. The following chart gives the letters, the IPA symbols showing the pronunciation of each letter, and a short, imaginary word to help you remember the names.

a	/ a /	ah	j	/ ʒi /	ji	s	/ ɛs /	esse
b	/ be /	bé	k	/ ka /	ka	t	/ te /	té
c	/ se /	sé	l	/ ɛl /	elle	u	/ y /	u
d	/ de /	dé	m	/ ɛm /	emme	v	/ ve /	vé
e	/ ø /	euh	n	/ ɛn /	enne	w	/ dublø ve /	double vé
f	/ ɛf /	ef	o	/ o /	oh	x	/ iks /	iks
g	/ ʒe /	jé	p	/ pe /	pé	y	/ i gʀɛk /	i grec
h	/ aʃ /	ache	q	/ ky /	ku	z	/ zɛd /	zed
i	/ i /	i	r	/ ɛʀ /	erre			

B. The letters **k** and **w** are rare in French and occur only in words borrowed directly from other languages. Examples are **le week-end, le wagon, le kiosque.**

C. The letter **h** is always silent. Words that start with **h** sound as though they start with the vowel that follows. Two examples are **homme** /ɔm/ and **hôtel** /o tɛl/.

Accent Marks and Punctuation

A. French has a system of written accent marks that are as important as the dot of an **i** or the cross of a **t.** Be sure to learn accents as part of the spelling of words.

accent		name	example
´	**l'accent aigu**	acute accent	poignée
`	**l'accent grave**	grave accent	très
^	**l'accent circonflexe**	circumflex accent	hôtel
˛	**la cédille**	cedilla	français
¨	**le tréma**	dieresis	Noël

B. Accents can indicate pronunciation.

commençons /kɔ mã sɔ̃/
classe, café /klas/, /ka fe/

C. Accents can differentiate words.

a	has	**ou**	or
à	to	**où**	where

You will not, however, see accents on capital letters. For example, you will see **à Paris,** but **A Paris.**

D. French uses almost the same punctuation marks as English; only quotation marks look different.

.	**le point**	period
,	**la virgule**	comma
-	**le trait d'union**	hyphen
'	**l'apostrophe**	apostrophe
« »	**les guillemets**	quotation marks

E. To spell words aloud in French, say the letter and any accent mark it may have immediately after it. If the word has a double consonant, say **deux** (two) before the letter that is doubled. A *capital* letter is **majuscule** and a *small* letter is **minuscule.**

ça	**c** cédille **a**
café	**c a f e** accent aigu
accent	**a** deux **c e n t**
René	**r** majuscule **e n e** accent aigu

Exercices

A. Repeat the French alphabet after the speaker.

B. Spell the following words, then listen to the speaker spell them. Follow the model.

Speaker: Ça va.
Student: *c majuscule - cédille - a - v - a - point*
Speaker: *c majuscule - cédille - a - v - a - point*

1. université
2. hôtel
3. étudiante
4. Répétez.

5. la fenêtre
6. cadeaux
7. Très bien.
8. Commençons.

C. When French people vote, they pick up a slip of paper (**bulletin de vote**) with the name of each candidate on it. They deposit the name they prefer in the ballot box and throw the others away. Below you will see ballots for the two candidates in the second stage of the last presidential elections, held in 2002. Read each name, and spell it. Start with the winner! Then listen to the speaker spell the names.

Jacques CHIRAC

Jean-Marie LE PEN

I. Nouns and definite articles

A. Make each noun you hear plural. Follow the model.

Speaker: l'enfant
Student: *les enfants*
Speaker: les enfants

B. Make each noun you hear singular. Follow the model.

Speaker: les cours
Student: *le cours*
Speaker: le cours

II. Subject pronouns and *-er* verbs

Change each sentence by substituting the cue you hear. Follow the model.

Speaker: Elle mange beaucoup.
Speaker: Vous
Student: *Vous mangez beaucoup.*
Speaker: Vous mangez beaucoup.

III. Yes-or-no questions

A. You will hear six sentences. Identify them by circling *Q* for a *question* or *S* for a *statement,* based on the intonation.

1. Q   S

2. Q   S

3. Q   S

4. Q   S

5. Q   S

6. Q   S

B. Change each sentence you hear to a question using **est-ce que.** Follow the model.

Speaker: Monique aime le français.
Student: *Est-ce que Monique aime le français?*
Speaker: Est-ce que Monique aime le français?

C. Now change the sentences to questions by adding **n'est-ce pas.** Follow the model.

Speaker: Monique aime le français.
Student: *Monique aime le français, n'est-ce pas?*
Speaker: Monique aime le français, n'est-ce pas?

Name _____ Section _____ Date _____

IV. Numbers from 0 to 20

You will hear a series of numbers, each read twice. Write the number you hear.

1. _____   5. _____

2. _____   6. _____

3. _____   7. _____

4. _____   8. _____

Dictée

You will now hear five sentences. Each will be read twice. First listen carefully, then write what you hear.

1. _____

2. _____

3. _____

4. _____

   _____

5. _____

Compréhension

You will hear a series of questions and three possible responses. Each will be read twice. Circle the letter that corresponds to the only logical answer to each question.

1. a   b   c

2. a   b   c

3. a   b   c

4. a   b   c

5. a   b   c

CHAPITRE 2

La famille et les amis

Dialogue

You will hear the chapter dialogues twice. The first time you will hear them without pauses. The second time, the speakers will pause for you to repeat phrases after them. Now listen to the first dialogue.

Prononciation

Review the explanation of the sounds you are studying before repeating the words and sentences after the speaker.

Word Stress in French

A. Learners of English as a foreign language often have a great deal of difficulty putting stress on the proper syllables. Some words, such as *record* or *present*, can vary in pronunciation according to their meaning. Words can even vary according to region. For example, one says *laboratory* in England and **lab***oratory* in the United States.

B. In French, however, all syllables receive the same stress except the last, which has a somewhat longer vowel. Each syllable has the same stress and vowels maintain the same pronunciation throughout the word. This is not the case in English. For example, *Alabama* has the same written vowel throughout, but in its unaccented syllables (the second and the fourth), the vowel sound is reduced to /ə/, the "uh" sound. In French, vowel quality does not change.

Exercices

A. Repeat the following pairs of English and French words after the speaker.

English	French
ex*ami*ne	exa*mine*
*mer*chandise	marchan*dise*
a*part*ment	appartem*ent*

B. Note the difference in the sound and quality of the italicized vowels as you listen to and repeat the following pairs of English and French words after the speaker.

English	**French**
uni*v*ersity	uni*v*ersité
tel*e*vision	tél*é*vision
labor*a*tory	labor*a*toire

C. Repeat each sentence after the speaker, taking care to put equal stress on all syllables.

1. Je regarde la télévision.
2. Paul examine l'itinéraire.
3. Nous visitons le laboratoire.
4. Elle expédie les marchandises.
5. La police occupe l'appartement.
6. Le professeur est intelligent.

Activités

I. Negation

A. Make each phrase you hear negative. Follow the model.

Speaker: Je travaille.
Student: *Je ne travaille pas.*
Speaker: Je ne travaille pas.

B. Make the sentences you hear negative. Follow the model.

Speaker: Nadine joue avec les enfants.
Student: *Nadine ne joue pas avec les enfants.*
Speaker: Nadine ne joue pas avec les enfants.

II. The verb *être*

A. Substitute the given subject pronouns in the following sentences. Follow the model.

Speaker: Nous sommes en cours de français.
Speaker: Je
Student: *Je suis en cours de français.*
Speaker: Je suis en cours de français.

B. Describe the following people, using the correct form of **être.**

Speaker: Je / professeur
Student: *Je suis professeur.*
Speaker: Je suis professeur.

Name _____ Section _____ Date _____

C. You will hear six sentences, each read twice. Based on what you hear, write the most likely profession of the person speaking. Follow the model.

Speaker: Allô, le bureau de Monsieur Morin.
Student writes: *Il est secrétaire.*

1. _____

2. _____

3. _____

4. _____

5. _____

6. _____

III. Descriptive adjectives

A. Give the feminine form of each adjective you hear. Follow the model.

Speaker: simple
Student: *simple*
Speaker: simple

B. Give the masculine form of each adjective you hear. Follow the model.

Speaker: riche
Student: *riche*
Speaker: riche

C. You will hear a noun and an adjective. Make a complete sentence by using the correct form of **être** and the correct form of the adjective.

Speaker: Le professeur / sympathique
Student: *Le professeur est sympathique.*
Speaker: Le professeur est sympathique.

IV. Numbers from 21 to 69 / Ordinal numbers

A. You will hear a series of numbers, each read twice. Write them as figures.

1. _____   5. _____

2. _____   6. _____

3. _____   7. _____

4. _____   8. _____

B. You will now hear sentences, each read twice, that contain a cardinal number (from *21* to *69*) or an ordinal number (from *first* to *sixty-ninth*). Write as figures only the number you hear. You will hear each sentence twice.

1. _____

2. _____

3. _____

4. _____

5. _____

6. _____

Dictée

You will now hear five sentences in French. You will hear each one twice: once in its entirety and a second time with pauses for you to write. Now listen to the sentences.

1. _____

2. _____

3. _____

4. _____

5. _____
   _____

Compréhension

You will hear a series of questions and three possible responses. Each will be read twice. Circle the letter that corresponds to the only logical answer to each question.

1. a   b   c

2. a   b   c

3. a   b   c

4. a   b   c

5. a   b   c

CHAPITRE 3

Au restaurant

Dialogue

You will hear the chapter dialogue twice. The first time you will hear it without pauses. The second time the speakers will pause for you to repeat phrases after them. Now listen to the entire dialogue.

Prononciation

Review the explanation of the sounds you are studying before repeating the words and sentences after the speaker.

Silent Consonants

A. As mentioned in the preliminary chapter, a large number of written consonants are not pronounced in French.

Il est paresseux.   *He is lazy.*
Jacques et Gilles étudient l'anglais.   *Jacques and Gilles are studying English.*

B. Final written consonants are rarely pronounced.

Nous ne travaillons pas.   *We aren't working.*
Les livres sont ennuyeux.   *The books are boring.*

There are, however, exceptions to this rule.

Marc apporte un apéritif.   *Marc is bringing a drink.*
Il travaille seul.   *He works alone.*

C. In general, a final silent **e** shows that the preceding consonant is pronounced.

Elle regarde la carte.   *She is looking at the menu.*
Jean est présent; Jeanne est absente.   *Jean is present; Jeanne is absent.*

Remember that the final silent **e** marks the difference between masculine and feminine nouns and adjectives such as **étudiant / étudiante** and **froid / froide**.

Exercices

A. Repeat the following sentences after the speaker.

1. Il est paresseux.
2. Jacques et Gilles étudient l'anglais.
3. Nous ne travaillons pas.
4. Les livres sont ennuyeux.
5. Jean est présent.
6. Marc apporte un apéritif.
7. Elle regarde la carte.
8. Jeanne est absente.

B. Repeat each sentence after the speaker, paying particular attention to silent consonants.

1. Les trois Français étudient l'anglais.
2. Nous sommes très contents.
3. Jean est méchant et il n'est pas heureux.
4. Elles dansent avec les fils de Monsieur Legrand.
5. Tu es paresseux et tu n'étudies pas.
6. Mon amie canadienne est médecin.

Activités

I. Indefinite and partitive articles

A. Change the expressions you hear to the plural. Follow the model.

Speaker: un CD
Student: *des CD*
Speaker: des CD

B. Change each expression you hear to the singular. Follow the model.

Speaker: des garçons
Student: *un garçon*
Speaker: un garçon

C. Change each sentence you hear to the negative. Follow the model.

Speaker: J'invite des Américains.
Student: *Je n'invite pas d'Américains.*
Speaker: Je n'invite pas d'Américains.

II. The irregular verb *avoir* / Expressions with *avoir*

A. Change each sentence by substituting the cue you hear. Follow the model.

Speaker: J'ai des livres.
Speaker: Tu
Student: *Tu as des livres.*
Speaker: Tu as des livres.

B. Replace the verb in each sentence you hear with the appropriate form of **avoir.** Follow the model.

Speaker: Je désire de l'eau.
Student: *J'ai de l'eau.*
Speaker: J'ai de l'eau.

III. Use of articles

A. Change each sentence by substituting the cue you hear. Choose between the partitive and indefinite articles. Follow the model.

Speaker: Je voudrais du thé.
Speaker: eau
Student: *Je voudrais de l'eau.*
Speaker: Je voudrais de l'eau.

B. Change each sentence you hear by substituting a new verb and by choosing between the definite and the partitive articles. Follow the model.

Speaker: Luc a de l'argent.
Speaker: adore
Student: *Luc adore l'argent.*
Speaker: Luc adore l'argent.

IV. The imperative

A. Put each command you hear in the negative, adding any necessary words. Follow the model.

Speaker: Mangez des légumes.
Student: *Ne mangez pas de légumes.*
Speaker: Ne mangez pas de légumes.

B. Make the following commands more polite by adding **s'il vous plaît** or **s'il te plaît**.

Speaker: Ne fume pas.
Student: *Ne fume pas, s'il te plaît.*
Speaker: Ne fume pas, s'il te plaît.

C. You will hear six statements, each read twice. For each one, write a piece of advice, either affirmative or negative. Follow the model.

Speaker: J'ai faim.
Student writes: *Mangez du fromage.*

1. _____

2. _____

3. _____

4. _____

5. _____

6. _____

Dictée

You will hear five sentences. Each will be read twice. First listen carefully, then write what you hear.

1. _____

_____

2. _____

_____

3. _____

_____

4. _____

5. _____

_____

Compréhension

You will hear a series of questions and three possible responses. Each will be read twice. Circle the letter that corresponds to the only logical answer to each question.

1. a   b   c

2. a   b   c

3. a   b   c

4. a   b   c

5. a   b   c

REVISION A

Chapitres 1 à 3

Dictée

You will now hear a paragraph in French. You will hear it twice: once in its entirety and a second time with pauses for you to write. Now listen to the paragraph.

_____

_____

_____

_____

_____

_____

_____

_____

_____

_____

Compréhension

You will now hear a paragraph about a young Frenchman named Jean Dupont. The paragraph will be read twice. Listen to it, then answer the questions in your laboratory manual in complete sentences.

1. Jean est acteur? _____

2. Il étudie le français? _____

3. Est-ce qu'il mange de la viande? _____

4. Est-ce qu'il aime le vin? _____

5. Il étudie seul? _____

6. Ils écoutent du rock? _____

CHAPITRE 4

Les voyages

You will hear the chapter dialogue twice. The first time you will hear it without pauses. The second time, the speakers will pause for you to repeat phrases after them. Now listen to the entire dialogue.

Prononciation

Review the explanation of the sounds you are studying before repeating the words and sentences after the speaker.

Enchaînements et liaisons

A. In spoken French, words flow together very smoothly. When a word begins with a vowel sound, French speakers pronounce the last consonant of the preceding word as if it were the first letter of the next word. This is **enchaînement.**

avec elle	/avɛ kɛl/	il a	/i la/
sept étudiants	/sɛ te ty djɑ̃/	elle est	/ɛ lɛ/

B. There is a separate category of **enchaînement** in which a written final consonant that is normally not pronounced must be sounded because a vowel sound follows it. Notice the difference in the pronunciation of: **nous travaillons** /nu tʀa va jɔ̃/ and **nous habitons** /nu za bi tɔ̃/.

The **s** of **nous** in **nous habitons** must be pronounced because the verb begins with the vowel sound /a/. This is **liaison.** It is limited to closely linked word groups (pronoun subject–verb; adjective–noun), and most often involves the /z/ sound.

Exercices

A. Practice **enchaînements** by repeating the following group of words after the speaker.

neuf étudiantes / elle habite / il invite / cinq acteurs / l'artiste intelligent / le professeur intéressant

---

B. Repeat the following paired words after the speaker, paying particular attention to the **liaisons.**

No liaisons	Liaisons
un livre	un_ami
deux clés	deux_amies
trois cafés	trois_hôtesses
six portes	six_étudiants
dix cartes	dix_hommes
nous dansons	nous_invitons
ils sont	ils_ont
des légumes	des_hôtels
les filles	les_enfants
en France	en_Amérique

C. Repeat the following sentences after the speaker, concentrating on the **enchaînements** and **liaisons.**

1. Les Américains habitent en Amérique.
2. Nous étudions avec un professeur intéressant.
3. Vous avez une opinion d'elle?
4. Les enfants sont intelligents.
5. Ils invitent des amis sympathiques.
6. Elle donne un examen aux étudiants.

Activités

I. *A* and *de* with definite articles

A. You will hear six sentences, each read twice, that contain **à** or **de** plus an article. In the spaces below, write only the preposition and article that you hear.

1. _____   4. _____

2. _____   5. _____

3. _____   6. _____

B. Change each sentence by substituting the cue you hear. Follow the model.

1. *Speaker:* Je suis à l'université.
   Speaker: maison
   Student: *Je suis à la maison.*
   Speaker: Je suis à la maison.

2. *Speaker:* Où est le livre du professeur?
   Speaker: étudiant
   Student: *Où est le livre de l'étudiant?*
   Speaker: Où est le livre de l'étudiant?

Name _____ Section _____ Date _____

C. You will hear six statements, each read twice. Using the map below, indicate whether each statement is true or false by circling **V** for **Vrai** (*True*) or **F** for **Faux** (*False*).

1. V   F

2. V   F

3. V   F

4. V   F

5. V   F

6. V   F

II. *Aller* / The *futur proche*

A. You will now hear six sentences, each read twice. Decide whether each sentence uses a form of **aller** as a verb of motion, as the **futur proche,** or whether it has a verb other than **aller.** Circle your answer.

Speaker: Je vais à la banque.
Student circles: (motion) futur proche un autre verbe

1. motion futur proche un autre verbe

2. motion futur proche un autre verbe

3. motion futur proche un autre verbe

4. motion futur proche un autre verbe

5. motion futur proche un autre verbe

6. motion futur proche un autre verbe

B. Change each sentence by substituting the cue you hear. Follow the model.

Speaker: Nous allons chez Sylvie.
Speaker: Je
Student: *Je vais chez Sylvie.*
Speaker: Je vais chez Sylvie.

C. Change the sentences you hear to the **futur proche.** Follow the model.

Speaker: Il arrive fatigué.
Student: *Il va arriver fatigué.*
Speaker: Il va arriver fatigué.

III. Articles and prepositions with place names

A. You will hear a series of place names. Say that you are going to go to that place.

Speaker: Paris
Student: *Je vais aller à Paris.*
Speaker: Je vais aller à Paris.

B. Identify the country in which the following cities are located.

Speaker: Paris
Student: *Paris est en France.*
Speaker: Paris est en France.

Name _____ Section _____ Date _____

C. Form a sentence to describe where Paul is, based on the city and country you hear. Follow the model.

Speaker: Paris, France
Student: *Il est à Paris, en France.*
Speaker: Il est à Paris, en France.

IV. Numbers from 70 to 1,000,000,000

A. Listen to the following numbers and repeat each one after the speaker. Then write the number in digits. Follow the model.

Speaker: soixante et onze
Student: *soixante et onze*
Speaker: soixante et onze
Student writes: *71*

1. _____   7. _____

2. _____   8. _____

3. _____   9. _____

4. _____   10. _____

5. _____   11. _____

6. _____   12. _____

B. You will now hear six sentences, each of which contains a number. Write out in words only the number you hear. You will hear each sentence twice.

1. _____

2. _____

3. _____

4. _____

5. _____

6. _____

Dictée

You will now hear five sentences in French. You will hear them twice: once in their entirety and a second time with pauses for you to write. Now listen to the sentences.

1. _____

2. _____

3. _____

4. _____

5. _____

Compréhension

You will hear a short passage in French followed by five statements. Both the passage and the statements will be read twice. Indicate whether each statement is true or false by circling **V** for **Vrai** (*True*) or **F** for **Faux** (*False*).

1. V   F

2. V   F

3. V   F

4. V   F

5. V   F

CHAPITRE 5

Le monde francophone

Dialogue

You will hear the chapter dialogue twice. The first time you will hear it without pauses. The second time, the speakers will pause for you to repeat phrases after them. Now listen to the entire dialogue.

Prononciation

Review the explanation of the sounds you are studying before repeating the words and sentences after the speaker.

Vowel Tension

French vowels are pronounced with much more tension of the muscles in the tongue, lips, and jaw than English vowels. The gliding of one vowel sound into another is common in English, and the sound produced is called a *diphthong*. You must avoid tongue movement when pronouncing French vowel sounds, so that each is distinct.

Exercices

A. Repeat the following English and French word pairs after the speaker, being careful to avoid any unwanted movement when pronouncing the French words.

English	French	English	French
see	si	day	des
D	dit	Fay	fait
boo	bout	foe	faut
do	doux	low	l'eau

B. Repeat the following words after the speaker, paying attention to vowel tension.

/i/	/u/	/e/	/o/
1. si	où	et	l'eau
2. dit	bout	des	beau
3. Guy	cou	les	faut
4. J	fou	mes	mot
5. oui	vous	été	tôt

C. Repeat the following sentences after the speaker, taking care to keep your muscles tense when you pronounce the vowels.

1. Vous travaillez au café?
2. Sylvie étudie le français.
3. Hervé va aller au musée.
4. Les Anglais vont visiter l'université.

5. Le bureau est à côté du tableau.
6. J'ai oublié mon idée.
7. Vous allez téléphoner cet après-midi?
8. Nous aimons le café de Colombie.

Activités

I. The verb *faire*

A. Change each sentence by substituting the cue you hear. Follow the model.

Speaker: Je fais des courses. .
Speaker: Vous
Student: *Vous faites des courses.*
Speaker: Vous faites des courses.

B. You will hear six sentences, each read twice, describing the scene depicted below. Write each sentence next to the number that corresponds to the appropriate part of the picture.

1. _____

2. _____

3. _____

4. _____

5. _____

6. _____

Name _____ Section _____ Date _____

II. The *passé composé*

A. You will hear ten sentences, each read twice. Indicate whether the speaker is talking about something in the present, past, or future by circling the appropriate word in your laboratory manual.

1. Present   Past   Future

2. Present   Past   Future

3. Present   Past   Future

4. Present   Past   Future

5. Present   Past   Future

6. Present   Past   Future

7. Present   Past   Future

8. Present   Past   Future

9. Present   Past   Future

10. Present   Past   Future

B. Change each sentence by substituting the cue you hear. Follow the model.

Speaker: J'ai trouvé un livre.
Speaker: Lise
Student: *Lise a trouvé un livre.*
Speaker: Lise a trouvé un livre.

C. Change each sentence you hear to the **passé composé**. Follow the model.

Speaker: Je porte une cravate.
Student: *J'ai porté une cravate.*
Speaker: J'ai porté une cravate.

III. Possessive adjectives

A. Change each sentence by substituting the cue you hear. Follow the model.

Speaker: Jacques a trouvé son chapeau.
Speaker: mon
Student: *Jacques a trouvé mon chapeau.*
Speaker: Jacques a trouvé mon chapeau.

B. State that the objects pictured below belong to you by using the possessive adjective. Then write your sentences in the spaces provided. Follow the model.

Speaker:	ceinture
Student:	*C'est ma ceinture.*
Speaker:	C'est ma ceinture.
Student writes:	*C'est ma ceinture.*

1. _____

2. _____

3. _____

4. _____

5. _____

6. _____

C. Change the possessive noun in each sentence you hear to a possessive adjective. Follow the model.

Speaker:	C'est l'amie de Micheline.
Student:	*C'est son amie.*
Speaker:	C'est son amie.

Name _____ Section _____ Date _____

IV. Stressed pronouns

A. Make the sentences you hear more emphatic by adding a stressed pronoun to the beginning of the sentence. Follow the model.

Speaker: Elle ne va pas à l'église.
Student: *Elle, elle ne va pas à l'église.*
Speaker: Elle, elle ne va pas à l'église.

B. The sentences you will hear all show possession with possessive adjectives. Change them by using the expression **être à.** Follow the model.

Speaker: C'est mon livre.
Student: *Il est à moi.*
Speaker: Il est à moi.

Dictée

You will now hear five sentences. You will hear them twice: once in their entirety and a second time with pauses for you to write. Now listen to the sentences.

1. _____

   _____

2. _____

   _____

3. _____

   _____

4. _____

   _____

5. _____

   _____

Compréhension

You will hear a paragraph about how two people spent their day. The paragraph will be read twice. Listen carefully, then answer the questions in your laboratory manual in complete sentences.

1. Est-ce que Catherine a fait le ménage? _____

   _____

2. Qu'est-ce que Catherine et Jean ont mangé? _____

   _____

3. Qu'est-ce qu'ils ont fait l'après-midi? _____

   _____

4. Qu'est-ce qu'ils ont trouvé? _____

   _____

5. Ils ont été chez leurs parents? _____

   _____

CHAPITRE 6

Les transports

Dialogue

You will hear the first chapter dialogue twice. The first time you will hear it without pauses. The second time, the speakers will pause for you to repeat phrases after them. Now listen to the entire dialogue.

Prononciation

Review the explanation of the sounds you are studying before repeating the words and sentences after the speaker.

The Sounds /y/, /u/, and /ɥ/

A. You have already encountered the sound /y/ several times in words such as **tu** and **du.** It is always represented in writing by the letter **u** and must not be confused with the sound /u/, written **ou** (**nous, vous**). The /y/ sound is produced with the tongue forward in the mouth and lips rounded. The easiest way to say it is to pronounce the /i/ sound (as in **si**) and then round your lips without moving your tongue.

B. When the /y/ sound is followed by another vowel sound, it is pronounced in a shorter fashion, but still with the lips rounded and the tongue forward. Many English speakers attempting to pronounce **lui** (/lɥi/) say /lwi/ instead, which is understood as **Louis.**

Exercices

A. Repeat the following pairs of words, which differ only in lip rounding, after the speaker.

/i/ **unrounded**	/y/ **rounded**
si	su
dit	du
fit	fut
J	jus
qui	Q
rit	rue

B. Repeat the following pairs of words, which differ only in tongue position, after the speaker.

/u/ back	/y/ front
où	U
bout	bu
nous	nu
sous	su
tout	tu
vous	vu

C. Practice the /ɥ/ sound, called a *semi-vowel*, by repeating the following words after the speaker.

lui / cuisine / je suis / huit / huile / ennuyeux / affectueux / tout de suite / la Suisse

D. Repeat the following sentences after the speaker, paying particular attention to the vowel sounds /y/ and /ɥ/.

1. Je suis curieux.
2. Tu étudies avec lui?
3. Lucie trouve vos chaussures ridicules.
4. Ils sont étudiants à l'université de Tours.
5. Luc a eu huit amis chez lui.
6. Je suis allé avec lui au Portugal.

Activités

I. The *passé composé* with *être*

A. Change the following sentences by substituting the cues you hear. Follow the model.

Speaker: Il est monté chez Paul.
Speaker: Nous
Student: *Nous sommes montés chez Paul.*
Speaker: Nous sommes montés chez Paul.

B. Change the sentences you hear to the **passé composé.** Follow the model.

Speaker: Je rentre en taxi.
Student: *Je suis rentré(e) en taxi.*
Speaker: Je suis rentré(e) en taxi.

Name _____ Section _____ Date _____

C. You will hear six statements based on the picture below. Write each sentence next to the number that corresponds to the appropriate part of the picture. You will hear each statement twice.

1. _____

2. _____

3. _____

4. _____

5. _____

6. _____

II. Inversion and interrogative adverbs

A. Change the following sentences by substituting the cues you hear. Follow the model.

Speaker: Aimez-vous le couscous?
Speaker: tu
Student: *Aimes-tu le couscous?*
Speaker: Aimes-tu le couscous?

B. Change each sentence you hear to a question. Use inversion whenever possible. Follow the model.

Speaker: Vous regardez la télévision.
Student: *Regardez-vous la télévision?*
Speaker: Regardez-vous la télévision?

III. Verbs ending in -re

A. Change each sentence by substituting the cue you hear. Follow the model.

Speaker: Elle ne répond pas aux questions.
Speaker: Tu
Student: *Tu ne réponds pas aux questions.*
Speaker: Tu ne réponds pas aux questions.

B. Change each sentence you hear to the **passé composé.** Follow the model.

Speaker: Jacques perd beaucoup de temps.
Student: *Jacques a perdu beaucoup de temps.*
Speaker: Jacques a perdu beaucoup de temps.

C. You will hear six sentences, each read twice, that use either **attendre** or **entendre.** Circle the verb you hear.

1. attendre entendre

2. attendre entendre

3. attendre entendre

4. attendre entendre

5. attendre entendre

6. attendre entendre

D. You will now hear six sounds. Identify them in complete sentences in French using the verb **entendre.**

Student hears: Sound of a barking dog
Student writes: *J'entends un chien.*

1. _____

2. _____

3. _____

4. _____

5. _____

6. _____

Name _____ Section _____ Date _____

IV. Telling time

A. Say each of the following times before you hear it. The speaker will give the number of each item to prompt you. Follow the model.

> *Speaker:*   Numéro un
> *Student sees:*   1:22 P.M.
> *Student:*   *une heure vingt-deux de l'après-midi*
> *Speaker:*   une heure vingt-deux de l'après-midi

1. 12:30 A.M.
2. 10:15 A.M.
3. 12:05 P.M.
4. 1:00 P.M.
5. 4:45 P.M.
6. 5:30 P.M.
7. 9:20 P.M.
8. 11:55 P.M.

B. You will hear a series of sentences, each read twice, that contain a time of day. Draw in each time you hear on the clock faces in your laboratory manual.

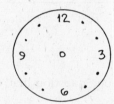
1.

2.

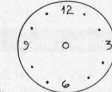
3.

4.

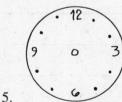
5.

6.

Dictée

You will now hear a paragraph in French. You will hear it twice: once in its entirety and a second time with pauses for you to write. Now listen to the passage.

_____

_____

_____

_____

_____

_____

_____

_____

_____

Compréhension

You will now hear five pairs of statements. In your laboratory manual, write one question that would have elicited each pair of statements. Follow the model.

Speaker: Je vais bien. / Je vais très bien, merci.
Student writes: *Comment allez-vous?*

1. _____

_____

2. _____

_____

3. _____

_____

4. _____

_____

5. _____

_____

REVISION B

Chapitres 4 à 6

Dictée

You will now hear a paragraph in French. You will hear it twice: once in its entirety and a second time with pauses for you to write. Now listen to the passage.

_____

_____

_____

_____

_____

_____

_____

Compréhension

You will hear a paragraph about a French family, followed by six questions. The paragraph will be read twice. Listen carefully, then answer the questions.

1. _____

_____

2. _____

_____

3. _____

_____

4. _____

_____

5. _____

_____

6. _____

_____

CHAPITRE 7

Au téléphone

Dialogue

You will hear the chapter dialogue twice. The first time you will hear it without pauses. The second time, the speakers will pause for you to repeat phrases after them. Now listen to the entire dialogue.

Prononciation

Review the explanation of the sounds you are studying before repeating the words and sentences after the speaker.

Nasal Vowels

French has three vowel sounds that are nasalized. This means that air is allowed to pass into the nasal cavity and vibrate. If you pinch your nose and say the word **vin** and **va,** you will feel the vibrations as you say **vin,** but not **va.**

Exercices

A. Repeat the following words after the speaker.

1. the sound /ɑ̃/

   an / dans / gant / quand / sans / blanc / banque / chantez / changez / cent deux / je danse / il demande

2. the sound /ɔ̃/

   on / blond / ton / non / son / ils vont / ils font / elles sont / faisons / travaillons / nous avons / mon

3. the sound /ɛ̃/

   pain / cinq / vin / bien / impossible / important / loin / Alain / sympathique

B. Repeat the following words after the speaker, paying particular attention to the nasal vowels.

allons / faisons / mes enfants / à demain / en France / invite / bonjour / sa maison / continuons / magasin / canadien / mexicain / examen / tu manges / pardon

C. Repeat each sentence after the speaker, paying particular attention to the nasal vowels.

1. Chantal danse bien.
2. Combien de garçons allons-nous inviter?
3. Les Américains sont-ils sympathiques?
4. Jean et Alain vont partir en vacances en Angleterre.
5. Mes enfants vont répondre aux questions.
6. Elles ont trouvé un restaurant mexicain fantastique.

Activités

I. Interrogative and demonstrative adjectives

A. Change each interrogative adjective you hear to a demonstrative adjective. Follow the model.

Speaker: Quelle église?
Student: *Cette église.*
Speaker: Cette église.

B. Now change each demonstrative adjective you hear to an interrogative adjective. Follow the model.

Speaker: Cet appartement.
Student: *Quel appartement?*
Speaker: Quel appartement?

C. Give the appropriate interrogative and demonstrative adjective for each noun you hear. Follow the model.

Speaker: imper
Student: *Quel imper? Cet imper.*
Speaker: Quel imper? Cet imper.

D. You will hear eight sentences, each read twice, which contain an interrogative or a demonstrative adjective followed by a noun. Circle the appropriate letter in your lab manual to indicate whether the noun is singular (S), plural (P), or you cannot tell (CT).

Speaker: Quelles écharpes achète-t-elle?
Student circles: S (P) CT

1. S	P	CT		5. S	P	CT
2. S	P	CT		6. S	P	CT
3. S	P	CT		7. S	P	CT
4. S	P	CT		8. S	P	CT

II. Verbs ending in -*ir*

A. Change each sentence by substituting the cue you hear. Follow the model.

Speaker: Marie choisit le vin.
Speaker: Nous
Student: *Nous choisissons le vin.*
Speaker: Nous choisissons le vin.

B. Change each sentence by substituting the cue you hear. Follow the model.

Speaker: Ils sont partis hier.
Speaker: Tu
Student: *Tu es parti hier.*
Speaker: Tu es parti hier.

C. The worst gossip you know is trying to tell you things about a good friend. You will hear each of the statements twice. Stop after the second reading and state whether the gossip is lying or not based on what you hear. Also, add a brief explanation of your choice.

Speaker: Ton ami sort avec beaucoup de filles.
Student writes: *Il ment. Mon ami sort avec sa copine.*

1. _____

2. _____

3. _____

4. _____

5. _____

6. _____

III. Interrogative pronouns

A. You will hear a series of questions, each read twice, using interrogative pronouns. By circling the appropriate letter in your laboratory manual, indicate whether the question is about a person (P) or a thing (T).

Speaker: Qui est là?
Student circles: Ⓟ   T

1. P   T   4. P   T

2. P   T   5. P   T

3. P   T   6. P   T

B. You will hear five questions. For each one, give the alternative form of each interrogative pronoun, if one exists. Make all necessary changes. Follow the model.

Speaker: Qui va au cinéma?
Student: *Qui est-ce qui va au cinéma?*
Speaker: Qui est-ce qui va au cinéma?

C. You will hear a question about each of the following pictures. Each question will be read twice. Write your answers in the spaces provided in your laboratory manual.

1. _____

_____

2. _____

_____

3. _____

_____

4. _____

_____

5. _____

_____

6. _____

_____

Name _____ Section _____ Date _____

IV. *Pouvoir* and *vouloir*

A. You will now hear six sentences, each read twice, which contain the verb **pouvoir** or **vouloir.** By listening for the vowel change described in the textbook, decide whether the verb is singular (S) or plural (P) and indicate your answer by circling the appropriate letter.

Speaker: Il ne peut pas trouver son portefeuille.

Student circles: Ⓢ   P

1. S   P   4. S   P

2. S   P   5. S   P

3. S   P   6. S   P

B. Change each sentence by substituting the cue you hear. Follow the model.

Speaker: Pierre peut commencer.
Speaker: Nous
Student: *Nous pouvons commencer.*
Speaker: Nous pouvons commencer.

C. In each sentence you hear, change **vouloir** to **pouvoir** and vice versa. Follow the model.

Speaker: Il ne veut pas aller chez le médecin.
Student: *Il ne peut pas aller chez le médecin.*
Speaker: Il ne peut pas aller chez le médecin.

Dictée

You will now hear a series of questions and answers. Each will be read twice. Listen carefully, and write what you hear.

1. _____

_____

2. _____

_____

3. _____

_____

4. _____

_____

5. _____

_____

6. _____

_____

Compréhension

You are working as a secretary for a company in Paris. You come back from lunch and find four messages on your answering machine. Using the four slips below, write messages for the people called: Mlle Jacquet, Robert Bruno, M. Amidou, and Agnès Dufour.

MESSAGE

Communication reçue à _____ heures, le _____

de M _____

pour M _____

☐ a téléphoné sans laisser de message,

☐ demande de le rappeler au N°_____

☐ a laissé le message suivant: _____

_____

_____

_____

_____

_____

MESSAGE

Communication reçue à _____ heures, le _____

de M _____

pour M _____

☐ a téléphoné sans laisser de message,

☐ demande de le rappeler au N°_____

☐ a laissé le message suivant: _____

_____

_____

_____

_____

_____

MESSAGE

Communication reçue à _____ heures, le _____

de M _____

pour M _____

☐ a téléphoné sans laisser de message,

☐ demande de le rappeler au N°_____

☐ a laissé le message suivant: _____

_____

_____

_____

_____

_____

MESSAGE

Communication reçue à _____ heures, le _____

de M _____

pour M _____

☐ a téléphoné sans laisser de message,

☐ demande de le rappeler au N°_____

☐ a laissé le message suivant: _____

_____

_____

_____

_____

_____

CHAPITRE 8

Paris

Carte postale

You will hear the second postcard twice. The first time you will hear it without pauses. The second time, the speakers will pause for you to repeat phrases after them. Now listen to the entire postcard.

Prononciation

Review the explanation of the sounds you are studying before repeating the words and sentences after the speaker.

Oral Vowels and Nasal Consonants

A. In Chapter 7, you learned the pronunciations of the three nasal vowels in French: $/\tilde{\varepsilon}/$ (**pain**), $/\tilde{a}/$ (**lent**), and $/\tilde{o}/$ (**ton**). With nasal vowels, you never pronounce the letter **n** or **m** that accompanies the written vowel. The masculine forms of the following adjectives end in a nasal vowel, so the **n** is not pronounced. The **n** must be pronounced in the feminine, however, so the preceding vowel is oral instead of nasal.

masculine	feminine
américain	américaine
canadien	canadienne
italien	italienne

B. The **n** or **m** must be pronounced if it is doubled (**sommes**) or followed by a vowel (**téléphone**).

je donne   sonne   année   inutile

Exercices

A. Pronounce the following pairs of words after the speaker, making a clear distinction between the oral and nasal vowels.

1. Jean / Jeanne
2. an / année
3. matin / matinée
4. plein / pleine
5. un / une
6. vietnamien / vietnamienne
7. gens / jeune
8. brun / brune

Chapitre 8   **229**

B. Repeat each sentence after the speaker, taking care not to nasalize vowels before pronounced **n** and **m.**

1. Les usines anciennes consomment beaucoup d'énergie.
2. Elle aime un homme ambitieux.
3. Tiens! Etienne déjeune avec une Canadienne.
4. Anne et Micheline vont emprunter mon traitement de texte.
5. Jean et Jeanne ont acheté un ordinateur.
6. Yvonne expédie un télégramme à Lisbonne.

Activités

I. The weather (*la météo*)

A. You will hear six sentences about the weather. Each will be read twice. Write each sentence under the corresponding drawing.

1. _____

   _____

2. _____

   _____

3. _____

   _____

4. _____

   _____

5. _____

   _____

6. _____

   _____

B. Change each sentence by substituting the cue you hear. Follow the model.

Speaker: Il pleut.
Speaker: demain
Student: *Il va pleuvoir demain.*
Speaker: Il va pleuvoir demain.

II. *Suivre / Suivre des cours*

A. Change each sentence by substituting the cue you hear. Follow the model.

Speaker: Bernard suit un cours de philosophie.
Speaker: Je
Student: *Je suis un cours de philosophie.*
Speaker: Je suis un cours de philosophie.

B. Change each sentence by substituting the cue you hear. Follow the model.

Speaker: Nous faisons du français.
Speaker: chimie
Student: *Nous faisons de la chimie.*
Speaker: Nous faisons de la chimie.

C. You will hear eight sentences, each read twice, about studying different subjects. Write the number of each sentence next to the appropriate letter under the corresponding drawing.

a. _____   b. _____   c. _____   d. _____

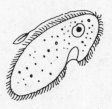

e. _____   f. _____   g. _____   h. _____

III. Direct object pronouns: Third person

A. You will hear six sentences containing direct object pronouns. Each sentence will be read twice. Circle the appropriate letter or letters to indicate whether the pronoun is singular (S), plural (P), or you cannot tell (CT).

Speaker: Tu l'aimes beaucoup?
Student circles: Ⓢ   P   CT

1. S   P   CT

2. S   P   CT

3. S   P   CT

4. S   P   CT

5. S   P   CT

6. S   P   CT

B. In each sentence you hear, replace the direct object with the appropriate pronoun. Follow the model.

Speaker: Je parle français.
Student: *Je le parle.*
Speaker: Je le parle.

C. Answer each question you hear, using the cue provided. Change each direct object to a pronoun. Follow the model.

Speaker: Voulez-vous voir les photos de ma maison?
Speaker: Oui
Student: *Oui, je veux les voir.*
Speaker: Oui, je veux les voir.

IV. *Voir*

A. Change each sentence by substituting the cue you hear. Follow the model.

Speaker: Bernard voit souvent ses amis.
Speaker: Je
Student: *Je vois souvent mes amis.*
Speaker: Je vois souvent mes amis.

B. In the sentence you hear, replace the verb with the appropriate form of **voir.** Follow the model.

Speaker: Je n'ai pas visité la ville.
Student: *Je n'ai pas vu la ville.*
Speaker: Je n'ai pas vu la ville.

Name _____ Section _____ Date _____

C. You will hear six sentences containing the expression **Voyons!** By listening to the content of the sentence and the speaker's tone of voice, determine whether the expression means *Let's see* or *Come on!* Circle the correct interpretation in your laboratory manual.

1. Come on!   Let's see.

2. Come on!   Let's see.

3. Come on!   Let's see.

4. Come on!   Let's see.

5. Come on!   Let's see.

6. Come on!   Let's see.

Dictée

You will now hear a letter written by a student requesting information about summer jobs. It will be read twice: once in its entirety, then a second time with pauses for you to write. First listen carefully to the letter.

_____

_____

_____

_____

_____

_____

_____

_____

_____

_____

Compréhension

You will now hear a paragraph in French about a Senegalese student. It will be read twice. Listen to the passage, then answer the questions in your laboratory manual.

1. Qu'est-ce que Mamadou fait? _____

   _____

2. Où est-ce qu'il étudie? _____

   _____

3. Aime-t-il ses cours? Pourquoi? _____

   _____

4. Qu'est-ce qu'il fait avec ses amis? _____

   _____

5. Qu'est-ce qu'il pense des poèmes de Léopold Senghor? _____

   _____

Name _____ Section _____ Date _____

CHAPITRE 9

La cuisine

You will hear the chapter dialogue twice. The first time you will hear it without pauses. The second time, the speakers will pause for you to repeat phrases after them. Now listen to the entire dialogue.

Prononciation

Review the explanation of the sounds you are studying before repeating the words and sentences after the speaker.

The French /R/ Sound

To pronounce the French /R/ sound, tuck in the tip of your tongue behind your lower teeth, and curve the back of your tongue toward the back of the roof of your mouth. The words **gaz** (/gaz/) and **rase** (/Raz/) are almost identical, except that with the /g/ sound, the back of your tongue touches the roof of your mouth, while with the /R/ sound, there is a small gap that causes friction.

Exercices

A. Practice the /R/ sound preceded by a consonant in the following words by repeating them after the speaker.

crème / cravate / grand / grammaire / groupe / crêpe / crevettes / crudités

B. Practice the /R/ sound in the middle of the following words by repeating them after the speaker.

Marie / admirer / africain / agréable / heureux / parapluie / différent / marché

C. Practice the /R/ sound at the end of the following words by repeating them after the speaker.

alors / lecture / lettre / mer / milliard / sur / porc / leur

D. Practice the /ʀ/ sound at the beginning of the following words by repeating them after the speaker.

radio / rapide / regarder / regretter / rentrer / repas / riz / rosbif

E. Repeat the following sentences after the speaker, paying particular attention to the /ʀ/ sound.

1. Brigitte travaille au restaurant.
2. Il va faire du brouillard à Londres.
3. Marie a perdu son portefeuille dans le parc.
4. Christine et son mari apprécient l'art moderne.
5. Beaucoup d'Américains vont avoir froid cet hiver.
6. La librairie ferme à trois heures et quart.

Activités

I. Prenominal adjectives

A. Repeat each expression you hear. Follow the model.

Speaker: un beau garçon
Student: *un beau garçon*
Speaker: un beau garçon

B. Restate the following sentences, using the opposite of the adjectives you hear. Follow the model.

Speaker: J'ai une petite voiture.
Student: *J'ai une grande voiture.*
Speaker: J'ai une grande voiture.

C. You will hear definitions of the names given below. Each will be read twice. Write the definition next to the appropriate name. Follow the model.

Speaker: Une vieille auto.
Student writes: Une Studebaker   *C'est une vieille auto.*

Le Waldorf Astoria _____

Winona Ryder _____

Adam _____

Une Cadillac _____

Monaco _____

Bob Dole _____

II. *Le calendrier*

A. When the speaker cues you, name the items requested in French.

1. the days of the week
2. the four seasons
3. the summer months
4. the winter months
5. the spring months
6. the autumn months

B. You will hear a series of dates, each read twice. Repeat the dates you hear, then write them out in the following spaces. (Use *words,* not digits.)

1. _____

2. _____

3. _____

4. _____

5. _____

6. _____

C. You will hear six statements, each read twice, using days, months, and seasons. Circle **V** for **Vrai** (*True*) or **F** for **Faux** (*False*), according to whether the statement is correct or incorrect.

1. V   F

2. V   F

3. V   F

4. V   F

5. V   F

6. V   F

III. Indirect object pronouns: Third person

A. Substitute a pronoun for each indirect object you hear. Follow the model.

Speaker: Elle ne parle pas à Marc.
Student: *Elle ne lui parle pas.*
Speaker: Elle ne lui parle pas.

B. Change the sentences you hear to the negative. Follow the model.

Speaker: Marc lui emprunte sa radio.
Student: *Marc ne lui emprunte pas sa radio.*
Speaker: Marc ne lui emprunte pas sa radio.

C. You will hear six sentences describing the picture below. Each will be read twice. Write each sentence next to the number that corresponds to the appropriate part of the picture.

1. _____

2. _____

3. _____

4. _____

5. _____

6. _____

IV. *Prendre*

A. Change each sentence by substituting the cue you hear. Follow the model.

Speaker: Ils prennent des pêches.
Speaker: Je
Student: *Je prends des pêches.*
Speaker: Je prends des pêches.

B. Change the sentences you hear to the **passé composé.** Follow the model.

Speaker: Prenez-vous du vin ou de l'eau?
Student: *Avez-vous pris du vin ou de l'eau?*
Speaker: Avez-vous pris du vin ou de l'eau?

Name _____ Section _____ Date _____

C. You are going to hear part of several conversations concerning travel. You will hear each one twice. Write a command telling the speaker what forms of transportation to take. Follow the model.

Speaker: Je vais aller en ville ce soir.
Student writes: *Prenez un taxi!*

1. _____

2. _____

3. _____

4. _____

5. _____

6. _____

Dictée

You will now hear a letter from a student to her father. You will hear it twice: once in its entirety, then a second time with pauses for you to write. First listen to the letter.

Cher Papa,

_____

_____

_____

_____

_____

_____

_____

_____

_____

_____

_____

_____

Affectueux baisers,

Marie

Compréhension

Georges and Madeleine, two university students, are dining in a restaurant. Listen to their conversation, which will be read twice, then answer the questions below.

1. Est-ce que Georges et Madeleine ont un garçon ou une serveuse? _____

   _____

2. Quels menus est-ce que Georges et Madeleine vont prendre? _____

   _____

3. Quel hors-d'œuvre est-ce que Madeleine commande? _____

   _____

4. Qu'est-ce que Georges va prendre comme viande? _____

   _____

5. Quelle boisson veulent-ils? _____

   _____

REVISION C

Chapitres 7 à 9

Activités

A. You will hear six sentences, each read twice, about the picture below. Write each sentence next to the number that corresponds to the appropriate part of the picture.

1. _____

2. _____

3. _____

4. _____

5. _____

6. _____

B. You will hear parts of six conversations. Circle the name of the place where you are most likely to hear each conversation.

1. au café   à la bibliothèque   au cinéma

2. au musée   à l'hôtel   à la gare

3. à la bibliothèque   à la librairie   à l'église

4. au marché   à la pharmacie   à la télévision

5. dans la rue   au téléphone   chez un programmeur

6. au bureau de poste   au restaurant   sur la plage

Dictée

You will now hear a letter in French. You will hear it twice: once in its entirety and a second time with pauses for you to write. Now listen to the letter.

_____

_____

_____

_____

_____

_____

_____

_____

_____

_____

_____

_____

Name _____ Section _____ Date _____

Bernard is visiting Geneva, a city made famous by many people, including Calvin and Rousseau. He is lost and stops a young woman to ask for help. Listen to their conversation, which will be read twice, then answer the questions in your laboratory manual.

1. Où sont Bernard et la jeune femme? _____

   _____

2. Qu'est-ce que Bernard cherche? _____

   _____

3. Qu'est-ce qu'il veut voir là-bas? _____

   _____

4. Quel autre monument est dans la même rue? _____

   _____

5. Est-ce que la jeune femme est sympathique? _____

   _____

CHAPITRE 10

En voiture

Dialogue

You will hear the chapter dialogue twice. The first time you will hear it without pauses. The second time, the speakers will pause for you to repeat phrases after them. Now listen to the entire dialogue.

Prononciation

Review the explanation of the sounds you are studying before repeating the words and sentences after the speaker.

The Mid Vowels /e/ and /ɛ/

A. French has three pairs of mid vowels, so called because the mouth is neither fully open as with the /a/ sound nor closed as with the /i/ sound. With all three pairs, it is important to note whether a consonant sound follows the vowel sound.

B. The mid vowel sound /ɛ/ is often followed by a consonant. It is pronounced with the mouth slightly open and the tongue forward.

treize   faire   laisse   cette   faites   laide   Bruxelles

C. The mid vowel sound /e/ is extremely tense, so you must be careful not to move your tongue or jaw when pronouncing it.

D. In French, a consonant sound never follows the /e/ sound at the end of a word. Usual spellings for the /e/ sound are **-é, -ez,** and **-er.** The letters **z** and **r** are silent.

allé   vous arrivez   réserver   sécurité   tenez   payée

Exercices

A. Repeat the following pairs of words after the speaker.

/e/	/ɛ/
1. les	laisse
2. B	bête
3. mes	mère

B. Now, practice the /e/ and /ɛ/ sounds in words of several syllables by repeating the following words after the speaker. Be sure to avoid diphthongizing the final /e/.

céder / chercher / acceptez / préféré / fermer / préparer

C. Repeat the following sentences after the speaker, keeping all vowels very tense.

1. Daniel fait des crêpes pour la fête de sa mère.
2. Cet employé a déjà fermé la fenêtre.
3. Visitez le musée près du café.
4. Merci pour ce verre de lait frais.
5. Elle est née en janvier l'année dernière.
6. Préférez-vous aller danser ou rester chez vous?

Activités

I. *Savoir* and *connaître*

A. Change each sentence by substituting the cues you hear. Follow the model.

Speaker: Il ne connaît pas Paris.
Speaker: Tu
Student: *Tu ne connais pas Paris.*
Speaker: Tu ne connais pas Paris.

B. Make a complete sentence using **savoir** or **connaître** and the expression you hear. Follow the model.

Speaker: son âge
Student: *Je sais son âge.*
Speaker: Je sais son âge.

II. *Le passé composé* (review)

A. Change each sentence by substituting the cue you hear. Follow the model.

Speaker: Nous sommes sortis à trois heures.
Speaker: arriver
Student: *Nous sommes arrivés à trois heures.*
Speaker: Nous sommes arrivés à trois heures.

B. Change each sentence you hear to the **passé composé.** Follow the model.

Speaker: Elle lui passe les papiers.
Student: *Elle lui a passé les papiers.*
Speaker: Elle lui a passé les papiers.

C. You will now hear six sentences, each read twice, about unnamed objects. Listen for the ending of the past participle, then circle your choice for what the people are talking about. If the gender of the object is not indicated by the verb ending, circle **les deux sont possibles.** Follow the model.

Speaker: Elle ne l'a pas pris.
Student circles: (son parapluie)   la photo   les deux sont possibles

1. les sandwichs   les omelettes   les deux sont possibles

2. le train   la photo   les deux sont possibles

3. Marc   Marie   les deux sont possibles

4. le roman   la salade   les deux sont possibles

5. le professeur   la leçon   les deux sont possibles

6. les examens   les classes   les deux sont possibles

7. l'espagnol   l'informatique   les deux sont possibles

8. son nom   son adresse   les deux sont possibles

III. The imperfect

A. Change each sentence by substituting the cue you hear. Follow the model.

Speaker: Faisiez-vous des courses en ville?
Speaker: elle
Student: *Faisait-elle des courses en ville?*
Speaker: Faisait-elle des courses en ville?

B. Change each sentence you hear to the imperfect. Follow the model.

Speaker: Elle attend les gendarmes.
Student: *Elle attendait les gendarmes.*
Speaker: Elle attendait les gendarmes.

C. You will hear six sentences, each read twice, about what the people in the following picture were doing yesterday at 8 A.M. Write each sentence next to the number that corresponds to the appropriate part of the picture.

1. _____

2. _____

3. _____

4. _____

5. _____

6. _____

IV. *Venir* / Verbs conjugated like *venir* / *Venir de* + *infinitive*

A. Change each sentence by substituting the cue you hear. Follow the model.

Speaker: Il vient chez moi le dimanche.
Speaker: Vous
Student: *Vous venez chez moi le dimanche.*
Speaker: Vous venez chez moi le dimanche.

B. Change each sentence you hear to the **passé immédiat** by adding the correct form of **venir de.** Follow the model.

Speaker: Mon père part.
Student: *Mon père vient de partir.*
Speaker: Mon père vient de partir.

Name _____ Section _____ Date _____

C. You will hear six questions, each read twice. Write your answers according to the cues provided in your laboratory manual.

1. tomber _____

2. 98 _____

3. Jean _____

4. acheter une voiture _____

   _____

5. médecin _____

6. 9 h 30 _____

Dictée

You will now hear a paragraph in French about a man who calls a friend. You will hear it twice: once in its entirety and a second time with pauses for you to write. Now listen to the passage.

_____

_____

_____

_____

_____

_____

_____

_____

_____

Compréhension

You will now hear a paragraph in French about a woman who decides to take a trip to the beach. The paragraph will be read twice. First listen carefully to the passage, then write the answers to the questions that you will hear.

1. _____

2. _____

3. _____

4. _____

5. _____

CHAPITRE 11

La télé

Dialogue

You will hear the chapter dialogue twice. The first time you will hear it without pauses. The second time, the speakers will pause for you to repeat phrases after them. Now listen to the entire dialogue.

Prononciation

Review the explanation of the sounds you are studying before repeating the words and sentences after the speaker.

The Vowel Sounds /o/ and /ɔ/

A. The vowel sounds /o/ and /ɔ/ are pronounced with the tongue back and the lips very rounded. As with the sounds /e/ and /ɛ/, the tongue is neither high nor low.

B. The /ɔ/ sound is the same as the /o/ sound, except that in the former, the mouth is held more open. You use the /o/ sound when the word ends in a vowel sound. The /ɔ/ sound is used when a pronounced consonant follows it.

C. The spellings **au** and **ô** are almost always pronounced /o/, not /ɔ/. If the consonant that follows is a /z/ sound, you also use /o/.

Exercices

A. Repeat the following English and French word pairs after the speaker.

English	French
1. bow	beau
2. foe	faux
3. dough	dos
4. oh	eau

B. Repeat the following pairs of words after the speaker.

/o/	/ɔ/
1. beau	bonne
2. faux	fort
3. nos	notre
4. tôt	tort
5. trop	drogues
6. pot	poche

C. Repeat the following pairs of words after the speaker.

/ɔ/	/o/
1. notre	autre
2. botte	Claude
3. pomme	pauvre
4. école	Côte d'Azur
5. note	chose
6. comme	cause

D. Repeat the following sentences after the speaker, paying particular attention to the open /ɔ/ sound and the closed /o/ sound.

1. Robert veut un beau chapeau.
2. Donne-moi le téléphone!
3. A l'automne, nous faisons de bonnes promenades.
4. Paulette propose des choses idiotes.
5. Le chômage et la drogue me préoccupent.
6. Et comme fromage? —Du Roquefort!

Activités

I. Direct and indirect object pronouns: First and second persons

A. Change each sentence by adding the cue you hear. Follow the model.

Speaker: Il attend au café.
Speaker: me
Student: Il m'attend au café.
Speaker: Il m'attend au café.

B. Put each sentence you hear in the imperative. Follow the model.

Speaker: Tu me donnes ton sac.
Student: Donne-moi ton sac.
Speaker: Donne-moi ton sac.

Name _____ Section _____ Date _____

C. You will hear six sentences, each read twice. Write the letter of each sentence you hear under the appropriate drawing.

1. _____   2. _____   3. _____

4. _____   5. _____   6. _____

II. The subjunctive of regular verbs and of *avoir* and *être*

A. You will now hear six sentences, each read twice. Indicate whether the verb in the subordinate clause is in the indicative or subjunctive by circling the appropriate word in your laboratory manual.

1. indicative   subjunctive

2. indicative   subjunctive

3. indicative   subjunctive

4. indicative   subjunctive

5. indicative   subjunctive

6. indicative   subjunctive

B. Change each sentence by substituting the cue you hear in the subordinate clause. Follow the model.

Speaker: Il est nécessaire qu'ils choisissent.
Speaker: on
Student: *Il est nécessaire qu'on choisisse.*
Speaker: Il est nécessaire qu'on choisisse.

Chapitre 11   **253**

C. Change each sentence by replacing the subjunctive verb with the cue you hear. Follow the model.

Speaker: Je veux que vous restiez.
Speaker: répondre
Student: *Je veux que vous répondiez.*
Speaker: Je veux que vous répondiez.

III. Uses of the subjunctive

A. Change each sentence by substituting the cue you hear. Pay attention to whether the mood in the subordinate clause will be the indicative or the subjunctive. Follow the model.

Speaker: Je suis surpris qu'il soit absent.
Speaker: certain
Student: *Je suis certain qu'il est absent.*
Speaker: Je suis certain qu'il est absent.

B. Change each sentence by putting the verb of the main clause in the negative. Pay attention to whether the mood of the subordinate clause will be the indicative or the subjunctive. Follow the model.

Speaker: Elle pense que tu es intelligent.
Student: *Elle ne pense pas que tu sois intelligent.*
Speaker: Elle ne pense pas que tu sois intelligent.

Dictée

You will now hear a report for consumers on buying a new car. You will hear it twice: once in its entirety and a second time with pauses for you to write. Now listen to the report.

_____

_____

_____

_____

_____

_____

_____

_____

_____

_____

Compréhension

You are having a phone conversation with a good friend. He will tell you five things that you did not know. Stop after each conversation, then summarize your reaction to the news in the spaces provided in your laboratory manual.

    Speaker: Nous avons un examen de maths demain.
    Student writes: *Je sais que nous avons un examen de maths demain.*

                or *J'ai peur que nous ayons un examen de maths demain.*

1. _____

   _____

2. _____

   _____

3. _____

   _____

4. _____

   _____

5. _____

   _____

CHAPITRE 12

Les achats

Dialogue

You will hear the chapter dialogue twice. The first time you will hear it without pauses. The second time, the speakers will pause for you to repeat phrases after them. Now listen to the entire dialogue.

Prononciation

Review the explanation of the sounds you are studying before repeating the words and sentences after the speaker.

The Vowel Sounds /ø/ and /œ/

A. The third pair of mid vowels in French is /ø/ and /œ/. The /ø/ sound is pronounced with the mouth mostly closed, the tongue forward, and the lips rounded. It is represented by the letters **eu** and occurs in words such as **bleu** and **heureux.** The unaccented e in words such as **je, ne, ce,** and **que** approximates this sound.

B. The /ø/ sound occurs when it is the last sound in a syllable. If the syllable ends in a consonant, you must pronounce the /œ/ sound by opening your mouth slightly. The /œ/ sound is also written **eu,** but it occurs only before a pronounced consonant in words such as **leur, veulent,** and **neuf.**

C. There is only one frequent exception to the preceding rule. When the final consonant is the /z/ sound, usually written **-se,** you keep the vowel sound /ø/.

Exercices

A. Repeat the following pairs of words after the speaker.

/ø/	/œ/
1. heureux	chauffeur
2. eux	heure
3. peu	peur
4. veut	veulent

B. Repeat the following pairs of words after the speaker.

/ø/	/øz/
1. affreux	affreuse
2. ambitieux	ambitieuse
3. dangereux	dangereuse
4. courageux	courageuse
5. délicieux	délicieuse
6. généreux	généreuse

C. Repeat the following sentences after the speaker, distinguishing between the closed /ø/ sound and the open /œ/ sound.

1. Je veux aller chez eux.
2. Elle a peur que tu ne sois pas à l'heure.
3. Ce vendeur ne peut pas supporter les chauffeurs furieux.
4. Cet acteur veut avoir deux répondeurs.
5. Le docteur peut venir à deux heures vingt-neuf.
6. Je suis heureuse que ma sœur soit ambitieuse et studieuse.

Activités

I. *Boire / recevoir / devoir*

A. Change the following sentences by substituting the cues you hear. Follow the model.

Speaker: Elle boit un jus de fruit.
Speaker: Nous
Student: *Nous buvons un jus de fruit.*
Speaker: Nous buvons un jus de fruit.

B. In each sentence you hear, replace **il faut que** by the correct form of **devoir.** Follow the model.

Speaker: Il ne faut pas que je mente.
Student: *Je ne dois pas mentir.*
Speaker: Je ne dois pas mentir.

C. What should you do in the following situations? In your laboratory manual, write responses to the statements you hear. You will hear each statement twice.

Speaker: Vous avez très faim.
Student writes: *Je devrais manger quelque chose.*

1. _____

2. _____

3. _____

4. _____

5. _____

6. _____

II. Irregular verbs in the subjunctive

A. Change the following sentences by substituting the cues you hear. Follow the model.

Speaker: Il est possible que nous allions en France.
Speaker: je
Student: *Il est possible que j'aille en France.*
Speaker: Il est possible que j'aille en France.

B. Change the following sentences by substituting the expressions you hear. Follow the model.

Speaker: Il a fallu que nous travaillions beaucoup.
Speaker: faire le ménage
Student: *Il a fallu que nous fassions le ménage.*
Speaker: Il a fallu que nous fassions le ménage.

C. What do you think of the situations in the following drawing? You will hear six questions, each read twice. In your laboratory manual, write an answer to each question using **Je pense que...** or **Je ne pense pas que...**, depending on the situation pictured.

1. _____

2. _____

3. _____

4. _____

5. _____

6. _____

III. Negatives

A. Replace **Luc** with **Eric,** and make each sentence you hear negative. Follow the model.

Speaker: Luc va toujours à l'église le dimanche.
Student: *Eric ne va jamais à l'église le dimanche.*
Speaker: Eric ne va jamais à l'église le dimanche.

B. Answer each question you hear in the negative. Follow the model.

Speaker: Qui est venu te chercher?
Student: *Personne n'est venu me chercher.*
Speaker: Personne n'est venu me chercher.

C. A nosy neighbor drops by and asks you some personal questions. You will hear each question twice. Circle the only appropriate answer in your laboratory manual.

1. Jamais!   Personne!   Rien!

2. Jamais!   Personne!   Rien!

3. Jamais!   Personne!   Rien!

4. Jamais!   Personne!   Rien!

5. Jamais!   Personne!   Rien!

6. Jamais!   Personne!   Rien!

D. You will hear definitions for the following terms. Each will be read twice. Write the number of the definition you hear next to the corresponding term.

un pauvre   _____

un végétarien   _____

un insomniaque   _____

un misanthrope   _____

un ermite   _____

un nudiste   _____

Dictée

You will now hear a paragraph in French. You will hear it twice: once in its entirety and a second time with pauses for you to write. First listen to the paragraph, and then write what you hear.

_____

_____

_____

_____

_____

_____

_____

_____

_____

Compréhension

You will hear two paragraphs on earning money—one by a man named Marc Pognon and one by a woman named Louise Condé. Each will be read twice. The first time, listen to the paragraphs; the second time, take notes on what you hear. Then, in your laboratory manual (p. 262) write a paragraph in French explaining which point of view is closer to your own.

Notes:

_____

_____

_____

_____

_____

_____

_____

REVISION D

Chapitres 10 à 12

Activités

A. You will hear six questions based on the following drawing. Each will be read twice. Write your answer to each question in the spaces provided in your laboratory manual.

1. _____
2. _____
3. _____
4. _____
5. _____
6. _____

B. You will hear six sentences, each read twice. Each contains a word denoting an emotion shown in one of the drawings in your laboratory manual. Write the letter of the sentence you hear next to the number of its corresponding drawing.

1. _____

2. _____

3. _____

4. _____

5. _____

6. _____

Dictée

You will now hear a paragraph in French. You will hear it twice: once in its entirety and a second time with pauses for you to write. Now listen to the paragraph.

_____

_____

_____

_____

_____

_____

_____

_____

_____

Name _____ Section _____ Date _____

Compréhension

You will now hear a paragraph followed by five questions. The paragraph will be read twice. First listen to the passage, then answer the questions.

1. _____

2. _____

3. _____

4. _____

5. _____

CHAPITRE 13

La santé

Dialogue

You will hear the chapter dialogue twice. The first time you will hear it without pauses. The second time, the speakers will pause for you to repeat phrases after them. Now listen to the entire dialogue.

Prononciation

Review the explanation of the sounds you are studying before repeating the words and sentences after the speaker.

Initial and Final Consonant Sounds

A. If you place your hand in front of your mouth and pronounce an English word starting with the /p/, /t/, or /k/ sounds, you will feel a puff of air. This is *aspiration*, and you must avoid it in French when you pronounce such initial consonant sounds.

B. Final consonant sounds are stronger in French than in English. In French, it is very important to pronounce final consonant sounds clearly. As you know, some grammatical distinctions depend on the presence or absence of a final consonant sound in the oral form.

Gender: étudiant /e ty djã/, étudiante /e ty djãt/
Number: il descend /il dɛ sã/, ils descendent /il dɛ sãd/

Exercices

A. Listen carefully to the speaker and repeat the following pairs of words, trying to eliminate the aspiration in the French words.

English	French
1. Paul	Paul
2. Paris	Paris
3. two	tout
4. car	car

B. Repeat the following pairs of words after the speaker, making the final consonant sound much stronger in French.

English	French
1. habit	habite
2. bees	bise
3. descend	descendent
4. port	porte
5. long	longue
6. mine	mine

C. Repeat the following words after the speaker, making sure to pronounce clearly the final consonant sound.

verte / sorte / verbe / servent / heureuse / tienne / sac / rendent / tête

D. Repeat the following sentences after the speaker, avoiding the aspiration of initial consonant sounds and stressing final ones.

1. Le professeur pose une question intéressante.
2. Patrick passe l'été dans l'appartement de sa tante.
3. Au printemps, à Paris, les cafés sont pleins de monde.
4. Ces pays deviennent de plus en plus pauvres.
5. Un cours de psychologie demande beaucoup de travail.
6. Brigitte part faire des courses avec Monique.

Activités

I. Stem-changing verbs

A. Change each sentence by substituting the cue you hear. Follow the model.

Speaker: Elle répète les questions.
Speaker: Je
Student: *Je répète les questions.*
Speaker: Je répète les questions.

B. In the following sentences, change the verbs in the singular to the plural and vice versa. Follow the models.

Speaker: Répétez le dialogue!
Student: *Répète le dialogue!*
Speaker: Répète le dialogue!

Speaker: N'enlève pas tes chaussures.
Student: *N'enlevez pas vos chaussures.*
Speaker: N'enlevez pas vos chaussures.

Name _____ Section _____ Date _____

C. You will hear six conversations, each read twice. In your laboratory manual, write complete sentences telling what the people in each conversation are buying.

1. François et Marie _____

2. Luc et moi, _____

3. Anne _____

4. Vous _____

5. Mes parents _____

6. Jacqueline _____

II. Reflexive verbs: Present tense, *futur proche,* and the infinitive

A. Change the following sentences by substituting the cues you hear. Follow the model.

Speaker: Marie se lève tôt.
Speaker: Je
Student: *Je me lève tôt.*
Speaker: Je me lève tôt.

B. Change the following sentences to the **futur proche.** Follow the model.

Speaker: Nous nous dépêchons de partir.
Student: *Nous allons nous dépêcher de partir.*
Speaker: Nous allons nous dépêcher de partir.

C. You will hear six sentences that describe the drawings in your laboratory manual. Each will be read twice. Write each sentence next to the number that corresponds to the appropriate drawing.

1. _____

2. _____

3. _____

4. _____

5. _____

6. _____

III. Reflexive verbs: *Passé composé* and imperative

A. Change the following sentences by substituting the cues you hear. Follow the model.

Speaker: Nous nous sommes bien amusés hier soir.
Speaker: Je
Student: *Je me suis bien amusé hier soir.*
Speaker: Je me suis bien amusé hier soir.

B. Change the following sentences by substituting the cues you hear. Follow the model.

Speaker: Réveillez-vous maintenant!
Speaker: se lever
Student: *Levez-vous maintenant!*
Speaker: Levez-vous maintenant!

C. You are a doctor, and you are listening to the complaints of six patients. Give them advice using the verbs provided in your laboratory manual in the affirmative or negative, depending on the complaint. You will hear each statement twice.

Speaker: Je suis très fatigué.
Student sees: se reposer
Student writes: *Reposez-vous plus souvent.*

1. se déshabiller _____

_____

2. se coucher tôt _____

_____

3. se promener un peu _____

_____

4. s'inquiéter trop _____

_____

5. se dépêcher au repas _____

_____

6. se réveiller plus tard _____

_____

Dictée

You will now hear the advice of a doctor on how to stay healthy. You will hear it twice: once in its entirety and a second time with pauses for you to write. Now listen to the passage.

_____

_____

_____

_____

_____

_____

_____

_____

_____

Compréhension

You will hear a series of complaints, each read twice. In your laboratory manual, circle the body part most directly involved in each complaint.

1. les yeux   les oreilles   les pieds

2. les pieds   les mains   le nez

3. les cheveux   la gorge   le nez

4. le bras   les yeux   les pieds

5. la tête   les oreilles   les bras

CHAPITRE 14

Les sports

Dialogue

You will hear the chapter dialogue twice. The first time you will hear it without pauses. The second time, the speakers will pause for you to repeat phrases after them. Now listen to the entire dialogue.

Prononciation

Review the explanation of the sounds you are studying before repeating the words and sentences after the speaker.

The Sounds /s/, /z/, /sj/, and /zj/

A. The distinction between the sounds /s/ and /z/ is very clear in French. A single letter **s** between two vowels is always pronounced /z/, while a double **s** represents /s/. This permits contrasts between words such as **le désert** and **le dessert.**

B. In French, the sounds /s/ and /z/ may be followed by the /j/ sound, which is very similar to the initial sound in *yes*. In English, equivalent words usually have a /ʃ/ sound. In French, it is important to make two distinct sounds, /s/ or /z/, then the /j/ sound.

Exercices

A. Repeat the following pairs of words, which have the same meanings in English and French, but vary between the sounds /s/ and /z/.

English	French
1. philosophy	la philosophie
2. dessert	le dessert
3. curiosity	la curiosité
4. disagreeable	désagréable
5. disobey	désobéir
6. resemble	ressembler

B. Repeat the following words, which contain the sound /s/, the sound /z/, or both.

ils choisissent / vous finissez / qu'il désobéisse / Nénesse / nous réussissons / la bise / tu laisses / la phrase / la boisson / la chasse / ennuyeuse / mes amis

C. Repeat the following pairs of words, which contrast the sounds /s/ + /j/ and /z/ + /j/.

/sj/	/zj/
1. nous passions	nous faisions
2. l'expression	la télévision
3. une émission	parisien
4. traditionnel	vous lisiez
5. les sciences	les yeux
6. une description	une allusion

D. Repeat the following pairs of words, which contrast the /ʃ/ sound in English with the /sj/ sound in French.

English	French
1. patience	la patience
2. pollution	la pollution
3. exceptional	exceptionnel
4. essential	essentiel
5. national	national
6. action	l'action

E. Repeat the following sentences after the speaker, paying attention to the difference between the /s/ and /z/ sounds and pronouncing the sound /sj/ instead of /ʃ/.

1. Ma cousine a refusé son dessert.
2. Nous allons visiter une église suisse.
3. Les Parisiens préfèrent la conversation à la télévision.
4. Les Tunisiens ont réussi à supporter l'invasion romaine.
5. Il est essentiel que vous annonciez les résultats du championnat d'équitation.
6. Nous excusons son hypocrisie et sa curiosité excessive.

Activités

I. Verbs ending in *-ire*

A. Change the following sentences by substituting the cues you hear. Follow the model.

Speaker: Nous écrivons à nos parents.
Speaker: Vous
Student: *Vous écrivez à vos parents.*
Speaker: Vous écrivez à vos parents.

B. Change the sentences you hear to the present tense. Follow the model.

Speaker: Elle a produit un nouveau film.
Student: *Elle produit un nouveau film.*
Speaker: Elle produit un nouveau film.

C. You will hear a brief plot summary of each of the famous works of literature listed in your laboratory manual. Using the subjects given, write what the people are reading. You will hear each summary twice. Follow the model.

Speaker: Tom est perdu dans une caverne.
Student writes: Tu *lis Tom Sawyer.*

Huckleberry Finn	*The Grapes of Wrath*
Hamlet	*The Catcher in the Rye*
Romeo and Juliet	*Notre-Dame de Paris*

1. Vous _____

2. On _____

3. Mes amis _____

4. Mes camarades de cours et moi, _____

_____

5. Ma sœur _____

6. Tu _____

II. Demonstrative pronouns

A. Change each sentence by replacing the noun with a demonstrative pronoun. Follow the model.

Speaker: Donnez-moi ce livre-là.
Student: *Donnez-moi celui-là.*
Speaker: Donnez-moi celui-là.

B. Change each sentence by replacing a noun with a demonstrative pronoun that shows possession. Follow the model.

Speaker: Tu as perdu le stylo du professeur?
Student: *Tu as perdu celui du professeur?*
Speaker: Tu as perdu celui du professeur?

III. Possessive pronouns

A. Replace each phrase with a possessive pronoun. Follow the model.

Speaker: sa chemise
Student: *la sienne*
Speaker: la sienne

B. Change each sentence by replacing a noun phrase with a possessive pronoun. Follow the model.

Speaker: Je n'aime pas tes vêtements.
Student: *Je n'aime pas les tiens.*
Speaker: Je n'aime pas les tiens.

C. You will hear parts of six conversations, each read twice, in which people use a possessive pronoun. In your laboratory manual, circle what you think the people are talking about. Follow the model.

Speaker: J'ai perdu les miens.
Student circles: mes clés   mon livre   (mes cahiers)

1. ton apéritif   tes devoirs   ta boisson

2. mon imperméable   ma chemise   mes chaussures

3. à son vélo   à sa voiture   à ses amies

4. de votre frère   de votre sœur   de vos parents

5. de mon sac   de ma valise   de mes bagages

6. à leur banque   à leur maison   à leurs cours

Dictée

You will now hear a dialogue in French. You will hear it twice: once in its entirety and a second time with pauses for you to write. Now listen to the dialogue.

NICOLE: _____

_____

DANIEL: _____

_____

_____

NICOLE: _____

_____

_____

DANIEL: _____

_____

_____

_____

Name _____ Section _____ Date _____

Compréhension

A. You will now hear parts of five conversations, each read twice. In the spaces provided in your laboratory manual, write the name of the sport in which the person is most likely engaged.

1. _____   4. _____

2. _____   5. _____

3. _____

B. You will now hear six questions about the results of a survey showing how often French men and women engage in various sports. The results of the survey are printed in your laboratory manual. Listen to each question, find the answer in the chart, and then write your answer in your laboratory manual. You will hear each question twice.

Pourcentages des Français qui pratiquent les sports (H = hommes, F = femmes)

	H	F
Alpinisme	2,2	1,0
Aviation	1,2	0,6
Basket	4,7	2,7
Bateau à moteur	2,1	0,9
Bateau à voile	2,9	1,7
Cyclisme	17,5	9,7
Chasse	2,8	0,5
Equitation	2,6	2,7
Football	10,1	0,9
Golf	1,6	1,1
Gymnastique	4,2	9,3
Jogging	12,6	8,4
Judo-karaté	1,6	0,4
Natation	20,2	16,7
Patin à glace	3,8	3,1
Pêche	8,6	1,5
Planche à voile	3,2	2,3
Pétanque	15,2	4,7
Plongée	3,0	1,3
Rugby	2,0	0,2
Ski	13,3	7,9
Tennis	15,1	7,8
Volley-ball	6,1	2,9

Source: Adapted from *Francoscopie 1995*.

1. _____

2. _____

3. _____

4. _____

   _____

5. _____

   _____

6. _____

   _____

CHAPITRE 15

Les arts

Lettre

You will hear the letter twice. The first time you will hear it without pauses. The second time, the speaker will pause for you to repeat phrases after him. Now, listen to the letter.

Prononciation

Review the explanation of the pronunciation feature you are studying before repeating the sentences after the speaker.

Intonation

A. Intonation is the change in the pitch of the voice. It enables a speaker to distinguish between sentences such as *She's going to the movies.* and *She's going to the movies?* French intonation is not radically different from that of English. The two basic kinds are rising intonation and falling intonation.

B. With rising intonation the pitch of the voice rises in yes-or-no questions and sentences when you pause for a breath at the end of a group of related words.

C. With falling intonation the pitch of the voice drops in declarative and imperative sentences and in information questions (those that start with an interrogative adverb or pronoun).

Exercices

A. Repeat the following yes-or-no questions after the speaker.

1. Aimez-vous ce tableau?

2. Est-ce qu'il est parti?

3. Vous avez un violon?

B. Repeat the following sentences with pauses after the speaker.

1. Elle n'est pas venue parce qu'elle est malade.

2. J'ai acheté un parapluie, mais je l'ai perdu.

3. Nous sommes allés au cinéma et nous avons dîné après.

C. Repeat the following declarative sentences after the speaker.

1. Il va faire beau.

2. Marie n'est pas là.

3. Nous sommes très fatigués.

D. Repeat the following imperative sentences after the speaker.

1. Dépêche-toi.

2. Venez avec nous.

3. Allons au théâtre.

E. Repeat the following information questions after the speaker.

1. Qu'est-ce que vous allez faire?

2. Comment allez-vous?

3. Pourquoi fait-il cela?

F. Repeat the following sentences after the speaker, paying particular attention to rising and falling intonation patterns.

1. Voulez-vous danser?
2. Passez-moi le sucre.
3. Qui n'a pas pris de dessert?
4. Monique fait de la danse moderne.
5. J'ai lu un livre et j'ai téléphoné à un ami.
6. Couchez-vous plus tôt!

Name _____ Section _____ Date _____

I. Verbs followed by infinitives

A. Replace the conjugated verb in the sentences you hear with the correct form of the verb given. Follow the model.

Speaker: Les Marchais vont partir.
Speaker: venir
Student: *Les Marchais viennent de partir.*
Speaker: Les Marchais viennent de partir.

B. Replace the name **Marc** with a pronoun in the sentences you hear. Follow the model.

Speaker: Vas-tu essayer de téléphoner à Marc?
Student: *Vas-tu essayer de lui téléphoner?*
Speaker: Vas-tu essayer de lui téléphoner?

C. You are going to hear a teacher ask a question and a student answer it. Write a sentence describing how the student answers by using one of the three verbs given in your laboratory manual.

Student hears: —Qui est le président de la République française?
—Moi, je sais! C'est Jacques Chirac.
Student sees: accepter / hésiter / refuser
Student writes: *Il accepte de répondre.*

1. avoir envie / ne pas savoir / ne pas réussir

   _____

2. détester / avoir du mal / se dépêcher

   _____

3. tenir / décider / refuser

   _____

4. éviter / adorer / s'amuser

   _____

5. réussir / commencer / éviter

   _____

6. aller / préférer / hésiter

   _____

II. Verbs followed by nouns

A. Replace the verbs in the sentences you hear with those given. Follow the model.

Speaker: Etienne écoute sa mère.
Speaker: ressembler
Student: *Etienne ressemble à sa mère.*
Speaker: Etienne ressemble à sa mère.

B. You will hear six problems that your friends are having. Each will be read twice. Listen to each problem, then write your advice using a verb such as **dire, conseiller,** or **recommander.** Follow the model.

Speaker: Votre ami Pierre veut sortir avec une fille, mais il est trop timide.
Student writes: *Je lui conseille d'écrire à la fille.*

1. _____

   _____

2. _____

   _____

3. _____

   _____

4. _____

   _____

5. _____

   _____

6. _____

   _____

III. The pronouns *y* and *en*

A. Replace the objects in the following sentences with pronouns. Follow the model.

Speaker: Ils répondent au téléphone.
Student: *Ils y répondent.*
Speaker: Ils y répondent.

B. Replace the objects in the following sentences with pronouns. Follow the model.

Speaker: Nous sommes allés en France.
Student: *Nous y sommes allés.*
Speaker: Nous y sommes allés.

Name _____ Section _____ Date _____

C. You will hear six conversations, each read twice. The last sentence of each conversation contains a pronoun. Rewrite the last sentence of each conversation with a logical replacement for the pronoun you hear. Follow the model.

Student hears: —Avec tous nos problèmes, je m'inquiète beaucoup de l'avenir. Et toi?
—J'y pense souvent.

Student sees: Je pense souvent _____.

Student writes: Je pense souvent *à l'avenir.*

1. Non, et j'ai besoin _____.

2. Nous nous sommes occupés _____.

3. Oui, et l'année dernière on est allé _____.

4. Oui, elle a acheté trois _____.

5. Mais, tu ne parles jamais _____.

6. Il s'inquiète trop _____.

Dictée

You will now hear a paragraph in French about Brigitte Dupond. You will hear it twice: once in its entirety and a second time with pauses for you to write. Now listen to the passage.

_____

_____

_____

_____

_____

_____

_____

_____

Compréhension

You will now hear a paragraph about the French language in Louisiana. It will be read twice. Listen, then read the true / false statements in your laboratory manual. Circle **V** for **vrai** if the statement is true or **F** for **faux** if it is false.

1. Beaucoup de gens parlent français en Louisiane.　　　　　V　　F

2. Ils sont d'origine canadienne.　　　　　V　　F

3. Le français est la langue principale en Louisiane.　　　　　V　　F

4. On peut étudier le français au lycée mais pas à l'école.　　　　　V　　F

5. On ne peut pas étudier le français de Louisiane à l'université.　　　　　V　　F

REVISION E

Chapitres 13 à 15

Activités

A. Write the answers to the questions you hear based on the drawing in your laboratory manual. Each question will be read twice.

1. _____

2. _____

3. _____

4. _____

5. _____

6. _____

B. You will hear eight questions, each read twice. Write an answer to each one, using a pronoun. Follow the model.

Speaker: Aimez-vous jouer au base-ball?

Student writes: *Oui, j'aime y jouer.* or

                  Non, je n'aime pas y jouer.

1. _____

2. _____

3. _____

4. _____

5. _____

6. _____

7. _____

8. _____

Dictée

You will now hear a passage in French about a trip to Brussels. You will hear it twice: once in its entirety and a second time with pauses for you to write. Now listen to the passage.

_____

_____

_____

_____

_____

_____

_____

_____

_____

_____

_____

Compréhension

You will now hear an interview with an athlete. It will be read twice. Listen, then read the true / false statements in your laboratory manual. Circle **V** for **vrai** if the statement is true or **F** for **faux** if it is false.

1. Un journaliste parle avec Claude Laforge qui joue pour l'équipe de Saint-Etienne.　　V　　F

2. Claude jouait au rugby.　　V　　F

3. Il s'est fait mal pendant un match.　　V　　F

4. Il va recommencer à jouer dans un mois.　　V　　F

5. Quand il ne joue pas, il est avocat.　　V　　F

CHAPITRE 16

Le français aux États-Unis

Dialogue

You will hear the chapter dialogue twice. The first time you will hear it without pauses. The second time, the speakers will pause for you to repeat phrases after them. Now listen to the entire dialogue.

Prononciation

Review the explanation of the sounds you are studying before repeating the phrases and sentences after the speaker.

Mute e

A. Mute **e** may or may not be pronounced, according to its position in the sentence. When pronounced, it is represented by the symbol /ə/ and is pronounced as the /ø/ of **peu.**

une p<u>e</u>tite annonce la p<s>e</s>tite annonce

B. Mute **e** is identified in written form by the letter **e** with no accent mark, and it is never followed by double consonants.

D<u>e</u>voirs and **b<u>e</u>soin** both contain mute **e.**
D<u>e</u>rrière has the /ɛ/ sound, as indicated by the double **r.**

C. In casual conversation, most French speakers drop as many mute **e**'s as possible, short of creating a string of unpronounceable consonants. One important rule is that mute **e** is never pronounced before a vowel sound.

quatr<s>e</s> heures votr<s>e</s> appartement

D. In general, a mute **e** is also dropped if it is preceded by only one pronounced consonant. For example, **trop de gens** is pronounced /tʀo dʒɑ̃/. The /ʒ/ is preceded by **d,** but **p** is not pronounced.

beaucoup d<s>e</s> livres sans c<s>e</s> livre

E. If a mute **e** follows two pronounced consonants, however, it is better to keep the sound.

Il n<u>e</u> sait pas.   Regarde l<u>e</u> garçon.

Exercices

A. Repeat the following phrases after the speaker, dropping the mute **e**'s indicated.

quatré heures / votré appartement / un autré étudiant / notré ami / une tablé immense / un pauvré homme

B. Repeat the following phrases after the speaker, dropping the mute **e**'s indicated.

beaucoup dé livres / sans cé livre / un kilo dé beurre / dans lé bureau / assez dé travail / Vous lé savez. / pas dé place / Tu né bois pas.

C. Repeat the following phrases after the speaker, pronouncing the mute **e**'s indicated.

Il n<u>e</u> sait pas. / Regarde l<u>e</u> garçon. / avec l<u>e</u> couteau / Elles m<u>e</u> connaissent. / Jeanne t<u>e</u> voit. / une pauvr<u>e</u> femme / le gouvern<u>e</u>ment / quatr<u>e</u> semaines d<u>e</u> vacances

D. Repeat the following sentences after the speaker, dropping as many mute **e**'s as possible.

1. Je ne sais pas si je veux cette table de nuit.
2. Beaucoup de gens se reposent le matin.
3. Elle me donne trop de travail.
4. A quatre heures nous décidons de préparer le dîner.
5. Qu'est-ce que vous allez me montrer?
6. Mon appartement se trouve au rez-de-chaussée près de la cuisine.

Activités

I. The relative pronouns *qui, que,* and *où*

A. Complete the sentences you hear by adding a relative pronoun and the suggested endings. Follow the model.

Speaker: Il cherche un appartement.
Speaker: est petit
Student: *Il cherche un appartement qui est petit.*
Speaker: Il cherche un appartement qui est petit.

B. Combine the sentences you hear with a relative pronoun. Follow the model.

Speaker: Il a eu la chambre. / Il voulait la chambre.
Student: *Il a eu la chambre qu'il voulait.*
Speaker: Il a eu la chambre qu'il voulait.

Name _____ Section _____ Date _____

C. You will hear five brief descriptions of people or things. Each will be read twice. Finish the last sentence of each description by writing a logical ending to each one in your laboratory manual. Follow the model.

Speaker: Pierre ne fait rien. Il ne fait jamais ses devoirs; il ne va pas en classe et il ne travaille pas à la maison. Pierre est un garçon qui...

Student might write: *Pierre est un garçon qui <u>est paresseux.</u>*

1. C'est une maison où _____

_____

2. Jacqueline est une femme que _____

_____

3. Je n'aime pas les chambres qui _____

_____

4. Nous préférons les sports que _____

_____

5. Le Québec est un pays où _____

_____

II. The conditional mood

A. Replace the subject pronouns in the following sentences with the pronouns given. Follow the model.

Speaker: Avec cela, il aurait de l'argent.
Speaker: nous
Student: *Avec cela, nous aurions de l'argent.*
Speaker: Avec cela, nous aurions de l'argent.

B. In the sentences you hear, replace the conjugated verb with the verb given. Follow the model.

Speaker: Nous aimerions voyager.
Speaker: vouloir
Student: *Nous voudrions voyager.*
Speaker: Nous voudrions voyager.

C. You will hear six problems. Using the conditional, write out a possible solution to each problem in your laboratory manual. Follow the model.

Speaker: J'ai beaucoup de choses à acheter, mais je n'ai pas d'argent.
Student might write: *Vous pourriez trouver du travail.*

1. _____

_____

2. _____

_____

3. _____

_____

4. _____

_____

5. _____

_____

6. _____

_____

III. Expressing time with *pendant, depuis,* and *il y a*

A. Rephrase the sentences you hear using a different expression of time, if there is one. Be careful, however, not to change the meaning of the sentence. (Note that it may not be possible to change some of the sentences.) Follow the model.

Speaker: Il y a une heure et quart que nous attendons le train de Paris.
Student: *Nous attendons le train de Paris depuis une heure et quart.*
Speaker: Nous attendons le train de Paris depuis une heure et quart.

B. You will now hear six statements, each read twice. In your laboratory manual, circle either **continue** or **terminée** to indicate whether the action described is still going on or not.

1. continue   terminée

2. continue   terminée

3. continue   terminée

4. continue   terminée

5. continue   terminée

6. continue   terminée

Dictée

You will now hear a message that Jean Némard left on his girlfriend Nicole's answering machine. You will hear it twice: once in its entirety and a second time with pauses for you to write. Now listen to the message.

_____

_____

_____

_____

_____

_____

_____

_____

Compréhension

You will now hear a letter to *Marcelle*, a French counterpart of *Dear Abby*, and the response. You will then hear five questions, each read twice. Listen to the letter, then answer the questions in your laboratory manual.

1. _____

_____

2. _____

3. _____

4. _____

_____

5. _____

_____

Chapitre 16   **293**

CHAPITRE 17

Le français au Québec

Poème

You will hear the poem twice. The first time you will hear it without pauses. The second time, the speaker will pause for you to repeat phrases after him. Now listen to the entire poem.

Prononciation

Review the explanation of the pronunciation feature you are studying before repeating the phrases and sentences after the speaker.

Liaisons

A. You learned in Chapter 4 that **liaisons** occur when a normally silent, final written consonant is pronounced because a word starting with a vowel follows. Often, a certain amount of flexibility is allowed when deciding whether or not to pronounce the consonant, but sometimes you must make a **liaison.**

B. **Liaisons** that you must make are called **liaisons obligatoires.** They fall into the following categories:

article + noun / article + adjective + noun

mes‿amis / un petit‿homme / des‿efforts

pronoun + verb / verb + pronoun / pronoun + pronoun

Ils‿habitent. / Donnez‿-en. / On‿en‿a.

Do not pronounce, however, the **liaison** between subject pronouns and verbs with inversion.

Voulez-vous / en acheter? Sont-ils / arrivés? Peuvent-elles / ouvrir?

after many one-syllable prepositions and adverbs

chez‿eux / sous‿un‿arbre / trop‿aimable / bien‿aimé

C. Some **liaisons,** called **liaisons facultatives,** are optional. Generally, you should make more of them when speaking in a formal style. Some categories are as follows:

negation

pas‿avec moi   *or*   pas / avec moi

verbs + verbs / verbs + prepositions / verbs + articles

je dois‿aller   *or*   je dois / aller

But with **est** and present-tense verbs ending in **-ont, liaison** is very frequent.

Il est‿arrivé. / Ils font‿une erreur. / Elles‿ont‿un‿appartement.

two-syllable prepositions and adverbs

devant‿une église   *or*   devant / une église

Exercices

A. Repeat the following phrases after the speaker, making all the **liaisons obligatoires.**

mes‿amis / un petit‿homme / des‿efforts / mon‿ordinateur / un grand‿appartement / d'autres‿exemples / un‿habitant / de vieilles‿églises / dix‿étudiants

B. Repeat the following brief sentences after the speaker, making all the **liaisons obligatoires.**

Ils‿habitent. / Nous‿en voudrions. / Nous‿y allons. / Il va les‿inviter. / Donnez-en. / Vont-ils les‿acheter? / On‿en‿a. / Vous‿en‿avez vu. / Elles les‿ont.

C. Repeat the following phrases after the speaker, making all the **liaisons obligatoires.**

chez‿eux / trop‿aimable / dans‿un restaurant / très‿utile / sous‿un‿arbre / bien‿aimé

D. Repeat the following pairs of phrases after the speaker, to practice **liaisons facultatives.**

1. pas‿avec moi   pas / avec moi
2. jamais‿au théâtre   jamais / au théâtre
3. plus‿à Paris   plus / à Paris
4. je dois‿aller   je dois / aller
5. il faut‿appeler   il faut / appeler
6. devant‿une église   devant / une église
7. beaucoup‿aimé   beaucoup / aimé
8. souvent‿excellent   souvent / excellent

E. Repeat the following sentences after the speaker, making all **liaisons** you hear.

1. Ils en ont un.
2. Montrez-en aux enfants.
3. Elles y sont allées sans eux.
4. Je les ai emmenés avec leurs amis.
5. Etes-vous allés en Irlande cet été?
6. Les bons étudiants adorent étudier sous les arbres.

Activités

I. The future tense

A. Replace the pronoun subjects in the following sentences with the pronouns given. Follow the model.

Speaker: Vous viendrez en cours?
Speaker: Tu
Student: *Tu viendras en cours?*
Speaker: Tu viendras en cours?

B. Put the verbs of the following sentences in the future tense. Follow the model.

Speaker: Allez-vous faire un voyage?
Student: *Ferez-vous un voyage?*
Speaker: Ferez-vous un voyage?

C. You will now hear advice to tourists. Each sentence will be read twice. Indicate whether it is in the conditional or the future by circling the corresponding word in your laboratory manual.

1. conditionnel   futur

2. conditionnel   futur

3. conditionnel   futur

4. conditionnel   futur

5. conditionnel   futur

6. conditionnel   futur

7. conditionnel   futur

8. conditionnel   futur

II. *Si* clauses

A. You will hear six sentences with **si** clauses. Add the expression **ce soir** to each **si** clause and change the other verb to the future. Follow the model.

Speaker: Si tu pars, je viens avec toi.
Student: *Si tu pars ce soir, je viendrai avec toi.*
Speaker: Si tu pars ce soir, je viendrai avec toi.

B. Change the sentences you hear to hypothetical sentences by putting the verbs in the imperfect and in the conditional. Follow the model.

Speaker: Si Marie est malade, nous irons sans elle.
Student: *Si Marie était malade, nous irions sans elle.*
Speaker: Si Marie était malade, nous irions sans elle.

C. You will hear six couples talking about different problems. Listen carefully, then finish the second speaker's sentence in your laboratory manual so that you provide the first speaker with logical advice.

1. Si j'étais vous, _____

_____

2. Si tu as de l'argent, _____

_____

3. Demain, s'il fait beau, _____

_____

4. Si tu as le temps, _____

_____

5. A ta place, _____

_____

6. Quand vous arriverez, _____

_____

III. *Mettre* / Verbs conjugated like *mettre*

A. Change each sentence by substituting the cue you hear. Follow the model.

Speaker: Je mets du sucre dans le café.
Speaker: On
Student: *On met du sucre dans le café.*
Speaker: On met du sucre dans le café.

B. Replace the direct or indirect object in each of the following sentences with a pronoun. Follow the model.

Speaker: Elle a mis les clés sur la table.
Student: *Elle les a mises sur la table.*
Speaker: Elle les a mises sur la table.

C. You will now hear six situations in which you or someone else would need permission to do something. Each situation will end with a question. Write your answer to each question in your laboratory manual.

1. _____

_____

2. _____

_____

3. _____

_____

4. _____

_____

5. _____

_____

6. _____

_____

Dictée

You will now hear your horoscope in French. You will hear it twice: once in its entirety and a second time with pauses for you to write. Now listen to your horoscope.

_____

_____

_____

_____

_____

_____

_____

Compréhension

You will now hear five situations. In your laboratory manual, complete the last sentence of each situation in a logical manner based on what you hear.

1. Si j'étais toi, _____

   _____

2. Si vous sortez, _____

   _____

3. Pourrez-vous m'aider quand _____

   _____

4. Je lui dirai que vous avez téléphoné aussitôt que _____

   _____

5. Si vous n'aimez pas cela, _____

   _____

CHAPITRE 18

Les immigrés

You will hear the fable twice. The first time you will hear it without pauses. The second time, the speakers will pause for you to repeat phrases after them. Now listen to the entire fable.

Prononciation

Review the explanation of the pronunciation features you are studying before repeating the phrases and sentences after the speaker.

Des mots difficiles

At this point, you have learned all the main features of French pronunciation. There always remain a few individual words that are difficult to pronounce, however. One problem for people learning French is that they rely on spelling too much when they try to determine the correct pronunciation of a word. French spelling, as does English, represents the pronunciation of the language as it was spoken hundreds of years ago. For example, many consonants are no longer pronounced. The following words and phrases are among the most difficult to pronounce that you have learned in this book.

Exercices

A. Repeat the following verbs after the speaker.

il peut, ils peuvent / je fais, nous faisons / tu achètes, vous achetez / je verrai, je ferai, je serai / que j'aille, que nous allions / qu'il veuille / soyons / choisissez, réussissez / ayez, aie / gagner / elle prend, elles prennent / j'aime

B. Repeat the following adjectives after the speaker.

un, une / ancien, ancienne / ennuyeux / bon, bonne / utile, inutile / ambitieux

C. Repeat the following nouns after the speaker.

les gens / un examen / ma sœur / la peur / le pays / mille, ville, fille / juin, juillet, août / un cours, un corps / monsieur, messieurs / une famille tranquille / la faim, la femme / l'Allemagne / la gare, la guerre / la psychologie / l'école / l'hiver, l'automne / un œil, des yeux / la campagne, la montagne / deux heures / Jean, Jeanne / un an, une année / les Etats-Unis / un franc / un œuf, des œufs / vingt-cinq, quatre-vingt-cinq

D. Repeat the following sentences after the speaker, taking care to pronounce each word correctly.

1. Monsieur Martin utilise de l'huile et du beurre et sa cuisine est fantastique.
2. Je ne pense pas que Jean veuille gagner le match.
3. Nos familles prennent des vacances magnifiques en juin et en juillet.
4. Il est inutile de chercher un pays où les gens ne sont pas ambitieux.
5. Nous faisons une promenade ennuyeuse entre la gare et l'école.
6. En automne et en hiver ils peuvent suivre un cours de psychologie ou d'anthropologie.

Activités

I. Adverbs

A. Change each sentence by substituting the adverbs you hear. Follow the model.

Speaker: Ils ne l'ont pas fait hier.
Speaker: bien
Student: *Ils ne l'ont pas bien fait.*
Speaker: Ils ne l'ont pas bien fait.

B. Change the sentences you hear to the **passé composé.** Pay attention to the position of the adverbs. Follow the model.

Speaker: Mon camarade de chambre parle beaucoup.
Student: *Mon camarade de chambre a beaucoup parlé.*
Speaker: Mon camarade de chambre a beaucoup parlé.

C. You will hear six people speak in different ways. Describe how each person spoke, using one of the six adverbs listed in your laboratory manual. Follow the model.

Student hears: (French spoken at a rapid pace.)
Student writes: *Il a parlé rapidement.*

peu   lentement   vite   mal   poliment   méchamment

1. _____

2. _____

3. _____

4. _____

5. _____

6. _____

II. The French equivalent of *good* and *well, bad* and *badly*

A. Change the sentences you hear to the **passé composé.** Follow the model.

Speaker: Je dors mal.
Student: *J'ai mal dormi.*
Speaker: J'ai mal dormi.

B. Now change the nouns in the sentences you hear to the plural. Follow the model.

Speaker: J'ai fait un bon gâteau.
Student: *J'ai fait de bons gâteaux.*
Speaker: J'ai fait de bons gâteaux.

C. You will now hear a series of sentences, each followed by an isolated word. Repeat each sentence, placing the word in its proper position. Follow the model.

Speaker: Michel est un acteur. (bon)
Student: *Michel est un bon acteur.*
Speaker: Michel est un bon acteur.

D. You will now hear six opinions, each read twice, about artists and their work. In your laboratory manual, circle the artist that the speaker thinks is better.

1. Michel Sardou   Nana Mouskouri

2. Picasso   Renoir

3. Rude   Rodin

4. Camus   Sartre

5. Berri   Bertolucci

6. Mallarmé   Claudel

III. The comparative and superlative

A. Substitute the noun subjects you hear in the following sentences. Follow the model.

Speaker: Marc est plus sympa que moi.
Speaker: Marie
Student: *Marie est plus sympa que moi.*
Speaker: Marie est plus sympa que moi.

B. You will now hear a sentence followed by a series of adjectives. Substitute each adjective in the original sentence, paying attention to its correct position. Follow the model.

Speaker: Jacques est l'enfant le plus intelligent de sa famille.
Speaker: beau
Student: *Jacques est le plus bel enfant de sa famille.*
Speaker: Jacques est le plus bel enfant de sa famille.

C. You will hear six questions, each read twice. Write your answer to each question in your laboratory manual.

1. _____

2. _____

3. _____

4. _____

5. _____

6. _____

Dictée

You will now hear a passage spoken by Saïd, a native of North Africa, who works in a Renault factory. You will hear it twice: once in its entirety and a second time with pauses for you to write. Now listen to the passage.

_____

_____

_____

_____

_____

_____

_____

_____

_____

Name _____ Section _____ Date _____

You will now hear a passage on immigrants in France. It will be read twice. Listen carefully, then answer the five questions in your laboratory manual by circling the correct responses.

1. Quel pourcentage de la population de la France est-ce que les immigrés représentent?
   a. moins de 10%
   b. 10%
   c. plus de 10%

2. Quel continent est le mieux représenté en France?
   a. l'Europe
   b. l'Afrique
   c. l'Amérique

3. Les immigrés ne sont pas responsables de quel problème, selon les Français?
   a. le chômage
   b. la criminalité
   c. l'inflation

4. La famille immigrée typique a environ combien d'enfants?
   a. 2
   b. 3
   c. 4

5. Quelle opinion des Français est vraie?
   a. Les immigrés ont plus d'enfants que les Français.
   b. Ils sont responsables de la criminalité.
   c. Ils prennent le travail des Français.

REVISION F

Chapitres 16 à 18

Activité

You will hear six questions, each read twice. Write your answer to each question in your laboratory manual.

1. _____

_____

2. _____

_____

3. _____

_____

4. _____

_____

5. _____

_____

6. _____

_____

Dictée

You will now hear a passage in French about a student who wants to study in Lausanne, Switzerland. You will hear it twice: once in its entirety and a second time with pauses for you to write. Now listen to the passage.

_____

_____

_____

_____

_____

_____

_____

_____

_____

_____

_____

Compréhension

You will now hear a paragraph in French about Fatima, a young French woman of Algerian origin. The paragraph will be read twice; it will then be followed by five statements, each read twice. Listen to the passage, then for each statement circle **V** for **vrai** or **F** for **faux** in your laboratory manual.

1. V   F

2. V   F

3. V   F

4. V   F

5. V   F

Exercices de vidéo

CHAPITRE 1

Module I: *Au tennis*

In this segment of the *Pas de problème* video you will get to know four of the characters who will appear in various episodes. You will also see Jean-François meet his friend, René, to play tennis.

Avant de regarder!

You will get to know several characters in this video. Let's take a look at the first four. Play the video from point 1:25 to 1:45 as many times as you wish. Then answer the questions below.

Les Précisions

Based on the brief introductions at the beginning of the *Pas de problème* video, underline the correct descriptions of each character.

JEAN-FRANÇOIS

1. Il est à Paris depuis deux jours.
2. Elle est étudiante.
3. Il est professeur.
4. Il est canadien.
5. Il habite à Paris depuis deux ans.
6. Elle est célibataire.
7. Il est célibataire.

MARIE-CHRISTINE

1. Elle est divorcée.
2. Elle est suisse.
3. Il est étudiant à Paris.
4. Elle est à Paris depuis deux ans.
5. Elle est célibataire.
6. Elle est française.
7. Elle est étudiante à Paris.

Réfléchissons-y!

An effective way to develop listening comprehension skills is to give some thought to the *context* of the situation you are trying to understand. Of course, we tend to do this automatically in our native language. . . . Now it's time to apply those same skills to make some educated guesses about what might or might not be said in a given context.

Choose the most likely expressions or statements you might hear from these four tennis players.

1. Given the context, what would Jean-François be likely to say?
   a. Je ne suis pas québécois.
   b. Je suis algérien.
   c. Salut, René!

2. Given the context, how would René be likely to respond?
   a. Tu vas bien?
   b. Comment vous appelez-vous?
   c. Vous allez bien?

3. You are watching the two men play and every time they use the word *faute* they point to the line. What does this word probably mean?
   a. good
   b. fault
   c. on the line

4. René seems to be getting frustrated with Jean-François, who is looking at the young women who are playing on the next court. What would be the most likely statement for René to make in this situation?
   a. Tu ne fais pas attention!
   b. Il fait chaud!
   c. Deux et deux font quatre.

5. If Jean-François says, «*Moi, je travaille ce soir*» (which means "I am working tonight"), what do you think René's response, «*Eh bien, moi je vais au cinéma avec ma cousine*», might mean?
   a. I'm going out to eat with my cousin.
   b. I'm going to the opera with my cousin.
   c. I'm going to the movies with my cousin.

6. To get the game going, René throws the ball to Jean-François and says, «*À toi _____.*» What are the most likely words to fill in the blank?
   a. la sécurité
   b. le service
   c. la faute

7. You notice that René is calling a young woman from the other court over to meet Jean-François. What might René say next?
   a. Je voudrais vous présenter ma cousine.
   b. Je te présente mon ami québécois, Jean-François.
   c. Qu'est-ce que vous faites?

8. As is common when one first meets someone, Marie-Christine wants to be friendly. As soon as she is introduced to him, she tries to think of something to say to Jean-François. What might she say?
   a. Je m'appelle Marie-Christine.
   b. Il fait beau aujourd'hui.
   c. Excusez-moi, Monsieur.

Regardons!

Now that you know a bit about the context, watch this video segment and try to get the gist. It is not necessary to understand everything; simply attempt to get the main points.

A. Play **Module I,** *Au tennis* from point 2:15 to 3:20 as many times as you like.

Avez-vous compris?

Even if you couldn't understand every word of the video, you probably caught the gist of what happened. Choose the answer that best summarizes what happened in the clip.

1. In the beginning René and Jean-François discuss . . .
    a. what they did this morning.
    b. how much they need to work out.
    c. what they are going to do later in the evening.

2. Generally speaking, at the start, Jean-François and René . . .
    a. demonstrate that they are experienced and serious tennis players.
    b. are trying to play tennis by the rules but are not very good players.
    c. aren't really paying attention to the tennis game.

B. Play **Module I,** *Au tennis* from point 3:21 to 5:18 as many times as you like.

Avez-vous compris?

Choose the answer that best summarizes what happened in the video segment.

1. Jean-François later gets distracted by . . .
    a. a girl he thinks he recognizes playing on the next court.
    b. two girls he thinks he recognizes on the next court.
    c. two girls he would like to meet on the next court.
    d. a girl he would like to meet on the next court.

2. Nathalie . . .
    a. already knows René.
    b. is meeting René for the first time.
    c. is René's cousin.

Après avoir regardé!

Qui a dit... ?

In the space provided, write the first name of the person who made each of the following statements in the video. Watch the segments again if you need to do so.

_____ 1. «Moi, je vais au cinéma avec ma cousine.»

_____ 2. «Je suis libre.»

_____ 3. «On joue jusqu'à quelle heure?»

_____ 4. «Jean-François vient avec nous au cinéma ce soir?»

_____ 5. «Je te présente mon cousin, René.»

_____ 6. «Non, non, il travaille.»

CHAPITRE 2

Impressions 1: *Les gens et leurs maisons*

In this segment you will visit Guadeloupe, an overseas **département** (state, region) of France located in the Caribbean. You will hear people tell about their nationality, their professions, their family life, and their homes.

Avant de regarder!

Aperçu culturel

The following description comes from the Internet site *Egide*. Even though you've just begun your study of French, you probably can understand a great deal of the description provided of this overseas department.

> «La Guadeloupe, la plus grande île des Antilles françaises, est située au large de la côte nord-est de l'Amérique du Sud. Elle est formée de 2 îles principales (Basse-Terre et Grande-Terre) et de 5 petites îles: les îles de Marie-Galante, la Désirade, le petit groupe des Saintes, Saint-Barthélemy et la partie nord de l'île de Saint-Martin.»

Regardons!

A. Play **Impressions 1** from point 7:21 to 8:53 as many times as you like. Listen in particular to people's names and to what they say they do for a living.

Avez-vous compris?

For each of the following statements, circle **V** for **vrai** (true) or **F** for **faux** (false).

1. V   F   Le prénom de Samuel est Sablier.

2. V   F   Célia Moustache a 23 ans.

3. V   F   Max Ripon est originaire de Marie-Galante.

4. V   F   Christiane Bulard habite en Italie.

5. V   F   Lisa Bigord travaille dans un service de psychiatrie; sa profession est infirmière (*nurse*).

6. V   F   Christophe habite le sud de la France.

7. V   F   Tous les interviewés sont probablement de nationalité française.

Chapitre 2   **315**

B. Play **Impressions 1** from point 8:55 to 9:25 as many times as you like.

Avez-vous compris?

Fill in the blanks with word(s) that fit logically.

«Bonjour, je m'appelle Marcelle. Voici ma _____ Monica, mon aînée (l'aînée

des filles parce que j'ai un _____) et Malina.»

«Je suis _____ de famille. J'ai deux _____, un garçon et

une _____. _____ divorcée.»

Il y a _____ membres dans la famille d'Elie.

C. Play **Impressions 1** from point 9:26 to 10:14 as many times as you like.

Avez-vous compris?

Fill in the blank(s) with the missing word(s).

«... il y a _____ chambre pour les _____,

_____ pour les garçons, _____ autre pour les

_____. Le salon est _____. Mais la salle à manger

_____ _____ !»

«Les familles en _____ peuvent être _____ ou

_____... Leurs maisons s'adaptent à leurs styles de vie.»

Name _____ Section _____ Date _____

Après avoir regardé!

Qui a dit... ?

Watch the entire **Impressions 1** segment again. Then write the name of the person who made each of the following statements in the video. (The word for "narrator" is **narrateur**.) Watch the segments again if you need to do so.

_____ 1. «Je suis actuellement (*presently*) à la recherche d'un emploi.»

_____ 2. «Aujourd'hui, les Guadeloupéens sont d'origines ethniques très diverses.»

_____ 3. «Je suis d'abord poète.»

_____ 4. «J'ai aussi une activité professionnelle. Je travaille dans l'aviation.»

_____ 5. «Les premiers habitants de Guadeloupe étaient Amérindiens.»

CHAPITRE 3

Module II: *Le coup de fil*

In this segment, Jean-François is going to meet Marie-Christine, who lives on the Left Bank (*Rive Gauche*) in the 6th **arrondissement** (district in Paris), to go shopping.

Avant de regarder!

In this segment, you will see Jean-François run into a few difficulties. Watch the video without sound and see whether you can understand what is going on, going just by what you see and what you can surmise. Then do the multiple-choice items that follow. The items are in French! Try to figure out their meaning by using the clues in the video.

Play **Module II** from point 10:11 to 13:11 without the sound.

Réfléchissons-y!

Choose the best completion for each statement.

1. Jean-François...
   a. a du mal à arriver à sa destination.
   b. arrive à sa destination sans difficulté, en utilisant les notes qu'il a prises.
   c. est capable d'arriver à sa destination sans notes.

2. Jean-François est obligé...
   a. d'acheter une carte téléphonique.
   b. de chercher de la monnaie au bureau de tabac.
   c. d'acheter un billet de loto.

3. Quand Jean-François arrive à la porte de sa destination...
   a. il n'est pas sûr de l'adresse.
   b. il ne comprend pas comment ouvrir la porte.
   c. il comprend qu'il a besoin du code.

4. Quand il arrive à la cabine téléphonique...
   a. Jean-François n'a pas de problème à faire son appel.
   b. Jean-François demande de la monnaie à un passant.
   c. Jean-François est obligé de demander de l'aide.

A. Play **Module II** from point 10:11 to 11:39 with sound as many times as you like. Then answer the questions that follow.

Avez-vous compris?

For each of the following statements, circle **V** for **vrai** or **F** for **faux**.

1. V   F   Il cherche l'adresse 15 rue de Tournon.

2. V   F   La dame dans la rue dit qu'il est obligé de demander le code à ses amis.

3. V   F   Jean-François demande que la dame dans la cabine accélère.

B. Play **Module II** from point 11:40 to 13:11 as many times as you like.

Avez-vous compris?

For each of the following statements, circle **V** for **vrai** or **F** for **faux**.

1. V   F   Les cabines téléphoniques en France et au Canada fonctionnent de la même façon (*the same way*).

2. V   F   Il téléphone à Alissa pour demander le code de sa porte.

3. V   F   Le code est 0-4-5-9-8.

C. Play **Module II** from point 13:13 to 14:17 as many times as you like.

Avez-vous compris?

Following are the steps one takes in making a call in a **publiphone à carte**, listed in random order. Put them in the correct order by numbering them from 1 to 7.

_____   Numéroter (composer le numéro)

_____   Entrer dans la cabine

_____   Enlever la carte

_____   Patienter

_____   Acheter une télécarte à un bureau de tabac

_____   Introduire la télécarte

_____   Parler

Name _____ Section _____ Date _____

Après avoir regardé!

Qui a dit... ?

Write the first name of the person who made each of the following statements in the video. Choose from **un homme**; **une passante** (*a woman passing by*), **le narrateur** (*the narrator*), or **Jean-François**. Watch the segments again if you need to do so.

_____   1.   «Où est-ce que je peux acheter une télécarte?»

_____   2.   «Merci, Madame.»

_____   3.   «Mais si. Il faut le code. Appelez vos amis...»

_____   4.   «Vous savez comment ça fonctionne, le téléphone?»

_____   5.   «Elles marchent avec les cartes, ces cabines-là.»

Analysons!

1.   Quand Jean-François demande de l'aide de la femme qui passe, il dit:

     «Excusez-moi, Madame, vous savez comment on fait pour ouvrir la porte?»

     Est-ce qu'il aurait pu éliminer une partie de sa question et continuer à respecter les règles de la politesse avec cette dame (par exemple, *«Excusez-moi»* ou *«Madame»*)? Expliquez votre réponse (et répondez en français).

     _____

     _____

2.   Jean-François demande à l'homme qui attend à l'extérieur de la cabine téléphonique:

     «Vous savez comment ça fonctionne, le téléphone?»

     Il n'y a pas d' *«Excusez-moi»* ou de *«Monsieur»* dans sa question. Dans cette situation, est-ce qu'il est impoli? Pourquoi, ou pourquoi pas?

     _____

     _____

3.   Quand il y a une femme qui parle au publiphone trop longtemps, Jean-François commence à devenir frustré, puis, soudain, il dit à la femme:

     «Excusez-moi encore, mais c'est urgent. Vous pouvez accélérer! Merci.»

     Dans ce cas est-ce qu'il est trop abrupt? Pourquoi, ou pourquoi pas?

     _____

     _____

Chapitre 3   **321**

CHAPITRE 4

Module IV: *La boulangerie*

In this segment you will see Jean-François search for a bakery that is open. You will also visit behind the scenes at a French bakery.

Avant de regarder!

Play **Module IV** from point 25:41 to 30:27 without sound.

Réfléchissons-y!

Take a look at a few vocabulary items in context, and see if you can predict their meaning.

1. Jean-François approche l'artiste et lui pose cette question:

    «Qu'est-ce que c'est?»

    L'artiste répond en montrant sa peinture:

    «Ben... c'est... heu... oui, oui, vous voyez... vous voyez bien là, c'est le Sacré-Cœur.»

    Selon le contexte, quelle expression française ressemble-t-elle le plus au sens de «... vous voyez»?
    a. «Mais oui!»
    b. «Ne touchez pas!»
    c. «Regardez...»

2. Plus tard, quand Jean-François revient pour demander encore de suggestions de boulangeries ouvertes, Jean-François est un peu embarrassé... Il essaie de soulager la tension en remarquant sur la peinture sur laquelle l'artiste travaillait. Alors Jean-François dit:

    «Eh ben, ça commence à prendre forme votre dessin.»

    Selon le contexte, que veut dire *«dessin»*?

    _____ (Ecrivez votre réponse en anglais.)

3. Et puis encore, il revient au même artiste et il lui dit:

    «J'ai pas de chance. Y a pas d'autres boulangeries dans le quartier?»

    Que veut dire *«dans le quartier»*?
    a. «à une distance d'à peu près un quart d'heure»
    b. «dans la rue»
    c. «dans cette partie de la ville»

Chapitre 4   **323**

A. Play **Module IV** from point 25:41 to 25:45 as many times as you like.

Avez-vous compris?

1. La première fois qu'il parle avec l'artiste, l'artiste dit à Jean-François qu'il peut trouver une boulangerie...
   a. deuxième à droite.
   b. deuxième à gauche.
   c. douzième à droite.
   d. douzième à gauche.

2. Quand il lui demande l'inspiration pour sa peinture avec «*Qu'est-ce que c'est?*» l'artiste répond:
   a. «C'est mon cœur.»
   b. «C'est Sacré-Cœur.»
   c. «Je ne suis pas sûr.»

B. Play **Module IV** from point 25:46 to 26:46 as many times as you like.

Avez-vous compris?

1. Voilà les jours de la semaine: lundi, mardi, mercredi, jeudi, vendredi, samedi et dimanche.

   L'artiste explique que beaucoup de boulangeries sont fermées le _____.

2. A la fin, Jean-François...
   a. décide de ne pas continuer à chercher une boulangerie.
   b. trouve une boulangerie ouverte.
   c. va au café.

C. Play **Module IV** from point 27:41 to 29:51 as many times as you like.

Avez-vous compris?

1. A quelle heure est-ce que M. Jacques commence son travail?
   a. A 3 heures du matin
   b. A 4 heures du matin
   c. A 5 heures du matin

2. V   F   Le pâtissier prépare les croissants.

3. V   F   Le boulanger prépare le pain.

D. Play **Module IV** from point 29:52 to 30:27 as many times as you like.

Avez-vous compris?

1. A la fin, combien de croissants est-ce que Jean-François demande à la boulangère?
   a. 1
   b. 2
   c. 6

2. V   F   Jean-François est obligé d'attendre 40 minutes pour ses croissants.

Après avoir regardé!

Analysons!

In conversational French it is common to drop words from sentences if, when they are dropped, the listener will still understand the meaning. Let's take a look at some examples and analyze which words have been dropped.

1. Quand Jean-François aborde l'artiste encore une fois pour lui demander s'il y a d'autres boulangeries dans le quartier (les environs), l'artiste réfléchit un peu, il hésite, puis il dit:

   «Euh... oui... euh... deuxième à gauche... voilà...»

   L'expression *«deuxième à gauche»* n'est pas une phrase complète... Il y a un (des) mot(s) qui manque(nt). Ecrivez la réponse de l'artiste, avec tous les mots qu'il a choisi de ne pas dire.

   _____

2. Jean-François pose sa question à l'artiste comme cela:

   «Y a pas d'autres boulangeries dans le quartier?»

   Mais *«Y a pas d'autres boulangeries dans le quartier?»* n'est vraiment pas complète comme phrase. Quel(s) mot(s) est-ce que Jean-François a supprimé(s) quand il a posé cette question?

   _____

3. L'artiste explique à Jean-François:

   «Oh, c'est pas facile le mercredi... hein?»

   Encore une fois, il y a un (des) mot(s) qui manque(nt). Ecrivez la phrase complète, avec les mots que l'artiste n'a pas énoncés.

   _____

4. Puis, plus tard, quand Jean-François revient demander d'autres suggestions, l'artiste pense et parle en même temps. Il répond:

   «*Ah... bon, d'accord! Bon... euh... descendez... descendez... euh... tout droit... euh... la rue des Mannes, là... Vous allez trouver en bas... en bas des escaliers, hein? Voilà.*»

   «*Vous allez trouver en bas...*» n'est pas tout à fait évident. Il y a un mot que l'artiste a négligé de dire. Ecrivez la phrase avec le mot qui manque.

   _____

5. Quand enfin Jean-François trouve une boulangerie ouverte, il pose la question à la boulangère:

   «*Bonjour, vous avez pas encore deux croissants, s'il vous plaît.*»

   Y a-t-il un (des) mot(s) qu'il n'a pas dit(s) qui sont nécessaires pour créer une phrase complète?

   Ecrivez la phrase complète.

   _____

6. Vous avez analysé plusieurs exemples de ce qu'on appelle «ellipses» en français. Une ellipse existe où l'on laisse tomber un (ou plus d'un) mot d'une expression facile à comprendre. Il y a un mot, en particulier, qui se supprime le plus souvent. Quel est le mot le plus supprimé (éliminé) en français?

   _____

CHAPITRE 5

Impressions 2: *La vie étudiante*
Impressions 6: *Les vacances*

You are going to watch two video segments. In the first, you will learn what the life of a French college student is like. In the second, you'll get to hear why several vacationers have chosen Guadeloupe as their destination.

Impressions 2: *La vie étudiante*

Avant de regarder!

Réfléchissons-y!

1. Les universités en France sont publiques et gratuites. Mais la majorité d'étudiants reçoivent des bourses (de l'argent) du gouvernement. Pourquoi, pensez-vous, donne-t-on des bourses aux étudiants en France?
   a. Pour le logement et les repas.
   b. Pour le cinéma et les livres.
   c. Pour encourager les étudiants inférieurs de faire des études universitaires.

2. La cité universitaire représente une possibilité de logement pour des étudiants en France. Parmi les choix suivants, quel est le plus grand avantage pour se loger ici?
   a. Elle offre des terrains de sport et une population diverse.
   b. Elle n'est pas toujours située au centre-ville, près de l'université.
   c. Elle propose des chambres privées et spacieuses.

3. Les études sont difficiles en France, mais les étudiants français trouvent du temps libre comme les étudiants partout dans le monde. Quelle est l'activité préférée des étudiants français quand ils ont du temps libre?
   a. Ils trouvent un job dans une grande surface.
   b. Ils viennent à l'école sur deux roues.
   c. Ils lisent ou discutent avec des amis dans un café.

Regardons!

A. Play **Impressions 2** from point 14:39 to 15:25.

Avez-vous compris?

1. V   F   En France, il y a 69 universités.

2. V   F   Il y a 17 universités dans la région parisienne.

3. V   F   Il y a 1,5 millions d'étudiants universitaires en France.

4. V   F   180.000 de ces étudiants viennent des Etats-Unis.

5. V   F   Les études universitaires en France sont difficiles.

B. Play **Impressions 2** from point 15:26 to 17:04 as many times as you like.

Avez-vous compris?

1. V   F   Les universités en France sont gratuites... C'est le gouvernement qui subventionne (*subsidizes*) le budget de l'université.

2. V   F   Le gouvernement donne des bourses (*scholarships*) à plus de 65% des étudiants pour payer le logement et les repas.

3. V   F   Les «campus» des universités françaises ressemblent beaucoup aux campus des universités américaines.

4. V   F   On peut loger à la cité universitaire pour entre 260 et 350 € par mois.

5. V   F   La cité universitaire de Paris est située à côté de la Sorbonne.

6. V   F   Pour économiser, il y a des étudiants qui habitent chez leurs parents.

C. Play **Impressions 2** from point 17:07 to 17:47 as many times as you like.

Avez-vous compris?

1. Il y a une grande variété d'activités sportives organisée par l'université pour les étudiants. Quelle activité suivante est-ce que le narrateur n'a pas mentionnée?
   a. le foot
   b. le tennis
   c. la natation
   d. le boxe

2. Avec une carte d'étudiant, on peut recevoir les prix réduits...
   a. au cinéma.
   b. au théâtre.
   c. aux musées.
   d. au cinéma, au théâtre et aux musées.

3. Quel pourcentage des étudiants universitaires en France a un job?
   a. 15%
   b. 30%
   c. 50%
   d. 75%

4. Les étudiants qui ont un job gagnent à peu près combien d'euros par jour?
   a. 25 €
   b. 35 €
   c. 45 €
   d. 55 €

5. Les étudiants universitaires aiment aller au café. Le narrateur mentionne quatre activités qu'ils aiment faire au café. Quelles sont ces activités?

   _____   _____   _____

   _____

Impressions 6: *Les vacances*

Avant de regarder!

Réfléchissons-y!

For this segment, a camera crew asked various people in Guadeloupe why they came there and what they liked to do there. Which of the following expressions do you think the tourists used in their responses? Put a checkmark under "Likely" or "Unlikely" for each item.

	LIKELY	UNLIKELY
la mer	_____	_____
les éléphants	_____	_____
les excursions	_____	_____
le soleil	_____	_____
les vitamines	_____	_____
la plongée	_____	_____
la végétation	_____	_____
l'eau froide	_____	_____
se reposer	_____	_____
la nourriture	_____	_____
la cascade	_____	_____

Regardons!

A. Play **Impressions 6** from point 45:37 to 48:02 as many times as you like.

Avez-vous compris?

Choisissez toutes les raisons que chaque personne interviewée donne pour aller en Guadeloupe.

1. Bernard:
   a. Pour le soleil.
   b. Pour la nourriture.
   c. Parce que les gens sont sympas.
   d. Parce qu'il fait très froid maintenant où il habite.

2. Christophe:
   a. Parce qu'il aime faire du ski nautique.
   b. Parce que sa femme aime la Guadeloupe.
   c. Pour se reposer.
   d. Parce qu'il fait beau.

3. La femme rousse (aux cheveux bouclés):
   a. Pour les vacances.
   b. Pour le soleil.
   c. Pour les plages.
   d. Pour la végétation.

4. La femme aux cheveux courts et bruns:
   a. Pour passer du temps avec ses petits-enfants.
   b. Pour leur introduire à la mer.
   c. Pour la culture.
   d. Parce que l'eau est chaude.

5. La femme rousse (aux cheveux courts):
   a. Pour des excursions.
   b. Pour le soleil et les plages.
   c. Pour les fleurs tropicales.
   d. Pour les arbres tropiques.

6. Le monsieur aux lunettes de soleil énormes:
   a. Pour passer du temps avec ses (leurs) petits-enfants.
   b. Pour aller au restaurant.
   c. Pour faire de la plongée.
   d. Pour faire de la voile.

7. Le monsieur aux lunettes et aux cheveux gris:
   a. Pour rendre visite à son fils.
   b. Pour les voyages d'affaires.
   c. Pour se bronzer.
   d. Pour rendre visite à sa fille.

B. Play **Impressions 6** from point 48:03 to 49:21 as many times as you like.

Avez-vous compris?

What do the three tourists who are asked about what they have done in Guadeloupe say?

La première touriste:

1. V   F   aller à la plage l'après-midi

2. V   F   les excursions

3. V   F   visiter les musées

Le deuxième touriste:

1. V   F   toutes les activités typiquement «touristes»

2. V   F   monter une cascade

3. V   F   faire de l'équitation

La troisième touriste:

1. V   F   excursions en mer

2. V   F   excursions sur la terre

3. V   F   excursions dans l'air

CHAPITRE 6

Module III: *Le métro*
Impressions 3: *Les transports*

In the first of these segments, Marie-Christine and Jean-François go shopping. In the second, you'll learn about France's modern and efficient railroads.

Module III: *Le métro*

Avant de regarder!

One effective way both to improve your listening comprehension and to enlarge your vocabulary is to make educated guesses from the context about the meaning of words.

A. Play **Module III** from point 17:48 to 21:36 without the sound. As you watch Jean-François and Marie-Christine leave to go shopping, try to predict some of the vocabulary items and structures that you already know that will show up in their dialogue. Choose the categories of words and structures that you will want to have in mind later, when you watch the video with sound:

la cuisine (Ch. 3)	demander les renseignements (Ch. 5)
les voyages (Ch. 5)	le vocabulaire du café (Ch. 2)
l'impératif (Ch. 3)	l'université (Ch. 1)
l'heure (Ch. 6)	faire les présentations (Ch. 1)
les transports (Ch. 6)	demander son chemin (Ch. 4)
le passé (Ch. 6)	le futur proche (Ch. 4)
les adjectifs (Ch. 2)	le vocabulaire du métro (Ch. 6)
le verbe **aller** (Ch. 4)	

Describe two objects that you saw in the video whose name you do not know in French and which you expect to learn as a result of watching this video segment.

_____   _____

Now, make some educated guesses!

Chapitre 6   **333**

B. Play **Module III** from point 17:48 to 18:31 as many times as you like.

Réfléchissons-y!

1. Marie-Christine et Jean-François se promènent dans la rue. Marie-Christine s'arrête devant une boutique et dit:

    «*Tiens, comment tu trouves ce pull dans la vitrine?*»

    Même si vous ne savez pas encore le mot, essayez de deviner selon le contexte, que veut dire «*la vitrine*»?
    a.   le mannequin
    b.   la grande fenêtre
    c.   le magasin

2. Regardez ce segment encore une fois. Comment Jean-François répond-il à la question de Marie-Christine?
    a.   «Oh, ça va, oui.»
    b.   «Oh, j'aime ça, oui.»
    c.   «Oh, je ne sais pas, oui.»

3. Regardez encore une fois ce segment. Considérez le fait que Jean-François répond, «*Ça va, oui.*» Choisissez la phrase qui exprime l'idée en «*Comment tu trouves ce pull dans la vitrine?*»
    a.   Tu veux acheter ce pull dans la vitrine?
    b.   Tu aimes ce pull dans la vitrine?
    c.   Qu'est-ce que tu penses du pull dans la vitrine?

C. Play **Module III** from point 18:32 to 19:26 as many times as you like.

Réfléchissons-y!

Analysez un peu ce dialogue entre Jean-François et Marie-Christine. (Si vous voulez, vous pouvez regarder le segment plusieurs fois.)

1. Jean-François dit:

   «Ben, écoute, il faut aller dans un grand magasin. Tu veux aller aux Galeries Lafayette?»

   Jean-François suggère d'aller *«dans un grand magasin»*. Que pensez-vous que ça veut dire, *«un grand magasin»*?
   a. un magazine énorme
   b. un établissement comme Macy's
   c. une boutique

2. Marie-Christine suggère à Jean-François de prendre le métro:

   «Oui, mais c'est un peu loin. Ecoute, prenons le métro. Il est là.»

   Que veut dire *«loin»*?
   a. à une grande distance
   b. cher
   c. moderne

3. Et puis, elle lui pose une question:

   MARIE-CHRISTINE: *«Tu es d'accord?»*
     JEAN-FRANÇOIS: *«D'accord.»*

   Selon le contexte, que veut dire *«d'accord»*?
   a. déterminé
   b. droit
   c. OK

D. Play **Module III** from point 19:28 to 20:47 as many times as you like.

Réfléchissons-y!

Soulignez (*underline*) les modes de transport mentionnés dans ce segment.

la voiture   le bato-bus   l'avion   la bicyclette

le taxi   le vélo   le métro   l'autobus

Chapitre 6   **335**

E. Play **Module III** from point 20:48 to 21:36 as many times as you like.

Réfléchissons-y!

1. V   F   Marie-Christine va prendre un taxi.

2. V   F   Jean-François va prendre le métro.

Regardons!

A. Play **Module III** from point 17:48 to 18:41 as many times as you like.

Avez-vous compris?

1. V   F   A Paris, les transports en commun sont assez chers.

2. V   F   Marie-Christine aime le pull dans la vitrine.

3. V   F   Jean-François déteste le pull dans la vitrine.

B. Play **Module III** from point 18:42 to 19:26 as many times as you like.

Avez-vous compris?

1. V   F   Ils vont aller aux Galeries Lafayette.

2. V   F   Ils décident ensemble de prendre le métro.

3. V   F   S'ils prennent le métro, ils ont une correspondance à Créteil.

4. V   F   Pour aller dans les Galeries Lafayette le métro est plus direct que l'autobus.

C. Play **Module III** from point 19:28 to 20:47 as many times as you like.

Avez-vous compris?

1. V   F   Les transports en commun sont chers à Paris.

2. Le narrateur suggère de ne pas prendre une _____ à Paris... il y a trop de

   circulation. C'est une meilleure idée de prendre _____.

3. Les transports en commun à Paris sont (a) _____, (b) _____,

   (c) (sur la Seine) _____ le bato-bus   _____ le bateau à voile (choisissez)

   (d) (à Montmartre) _____ les hélicoptères   _____ le funiculaire. (choisissez)

D. Play **Module III** from point 20:48 to 21:36 as many times as you like.

Avez-vous compris?

1.   V   F   Jean-François retrouve Marie-Christine parce qu'il décide de ne pas prendre le métro.

2.   V   F   Il a un problème, et il décide de demander de l'aide à Marie-Christine.

3.   V   F   Quand il a pris l'autobus, il a mis son ticket dans la machine, et maintenant son ticket ne marche plus.

Après avoir regardé!

Analysons!

Maintenant essayez de considérer même un peu plus profondément ces interactions et d'analyser ce qui se passe.

1.   V   F   Il est évident que Marie-Christine n'hésite pas à exprimer son opinion du pull dans la vitrine. Quand elle entend l'opinion de Jean-François elle dit:

                «Comment, ça va? C'est très chic!»

                Vrai ou Faux? Ce qu'elle dit est un petit jugement négatif du goût (*taste*) de Jean-François. En général, en France, on ne donne pas des opinions contraires à celles des autres très facilement.

2.   V   F   Jean-François et Marie-Christine considèrent leurs choix (*options*) de transports pour retourner chez eux. Ils décident de prendre l'autobus parce que Jean-François ne veut pas utiliser sa carte orange.

Impressions 3: *Les transports*

Regardons!

A. Play **Impressions 3** from point 21:45 to 22:23 as many times as you like.

Avez-vous compris?

1.   V   F   Il y a sept gares de train à Paris.

2.   V   F   Chaque gare est le point de départ pour une région géographique différente.

3.   V   F   Le centre du SNCF est Lyon.

B. Play **Impressions 3** from point 22:24 to 23:04 as many times as you like.

Avez-vous compris?

1. V   F   «TGV» veut dire «Train à Grande Vitesse».

2. V   F   On prend le «Thalys» pour aller à Londres.

3. V   F   Le TGV circule à une vitesse d'environ 300 à 500 kilomètres à l'heure.

C. Play **Impressions 3** from point 23:05 to 24:02 as many times as you like.

Avez-vous compris?

1. V   F   On peut acheter les billets de train seulement sur Internet et à la gare.

2. V   F   Il faut réserver sa place en avance pour le TGV.

D. Play **Impressions 3** from point 24:03 to 25:33 as many times as you like.

Avez-vous compris?

1. V   F   Il y a un système d'autobus dans toutes les grandes villes de France.

2. V   F   Il y a un métro dans toutes les grandes villes de France.

Après avoir regardé!

Analysons!

Even though you didn't understand every word of what was said in this commentary, you probably grasped enough to make a judgment about the narrator's attitude concerning mass transit in France. Indicate if each of the following adjectives reflects her point of view.

Les transports en commun en France sont _____:

1. _____ pratiques

2. _____ mal organisés

3. _____ inégaux

4. _____ modernes

5. _____ diverses

6. _____ excessifs

7. _____ centralisés à Paris

8. _____ bon marché

9. _____ inconfortables

CHAPITRE 7

Module V: *Au café*
Impressions 5: *Lieux de rencontre, hier et aujourd'hui*

In the first of these segments, Marie-Christine and Jean-François meet two of Marie-Christine's friends at a café. In the second segment, you will learn about the various places French university students go to meet each other and spend some time.

Module V: *Au café*

Avant de regarder!

In this segment you will get to know two additional characters. Go back to the beginning of the *Pas de problème* video and listen to the description of these people again.

A. Play the *Pas de problème* video from point 1:25 to 2:12 as many times as you like.

Précisions

Choose the sentences that accurately describe each person.

BRUNO

1. Il est professeur.
2. Il a 22 ans.
3. Il habite à Paris depuis 3 ans.
4. Il est étudiant.
5. Il est africain.
6. Il est français.

ALISSA

1. Elle est vieille.
2. Elle habite la Réunion.
3. Son âge: 21 ans.
4. Ses parents habitent à Paris.
5. Il habite à Paris depuis 10 ans.
6. Elle est célibataire.
7. Elle est réunionnaise.

B. Play **Module V** from point 32:40 to 34:29 with the sound.

Réfléchissons-y!

1. Le garçon du café arrive à la table et dit:

   «*Bonjour messieurs, dames...*»

   Il est probable qu'il va continuer avec quelle question?
   a. Aimez-vous le café?
   b. Vous désirez?
   c. Comment vas-tu?

2. Marie-Christine présente Jean-François à ses amis. Un peu plus tard, Alissa veut dire quelque chose à Jean-François pour commencer à créer du contact personnel. Choisissez la phrase la plus probable qu'elle va utiliser dans ce contexte.
   a. Il fait beau.
   b. Je veux bien!
   c. J'adore danser.

3. Jean-François dit «*Ouais!*» Essayez de trouver le moment où, sur la vidéo, il le dit, et puis choisissez le mot qui a le sens le plus proche (similaire) à «*Ouais!*»
   a. Quoi!
   b. Oui!
   c. Ouest!

4. Alissa dit «*Génial!*» Quel est un équivalent proche du mot «*Génial!*»?
   a. Très bien!
   b. Très mauvais!
   c. Comme ci, comme ça!

C. Play **Module V** from point 34:30 to 35:21 with the sound.

Réfléchissons-y!

1. Le mot «*le pont*» est le nom d'une structure sur laquelle les conducteurs de voiture, par exemple, peuvent rouler pour traverser une rivière. (En Californie, par exemple, il y a un pont énorme et fameux qui s'appelle le Golden Gate.) Il est évident que ces amis ne font pas référence à un pont architectural dans leur discussion. Ils expliquent à Jean-François le sens spécialisé du terme en France. Quelle est une autre façon (manière) de dire «*le pont*» tel que le mot est utilisé dans cette conversation?
   a. un long week-end
   b. jeudi, vendredi, samedi
   c. quatre jours

2. Alissa dit:

   «*Il paraît que la Bourgogne, c'est sympa.*»

   Selon le contexte et son attitude, que veut dire «*sympa*» en français?
   a. génial
   b. compréhensif
   c. similaire

3. Bruno répond:

   «*Mon ami Noël m'a invité avec des amis dans sa maison en Normandie. Est-ce que quelqu'un connaît?*»

   Vous savez le mot «*quelqu'un*» déjà... Bruno veut savoir s'il y a quelqu'un à la table qui «*connaît*» «*quelqu'un*» ou «*quelque chose*». A quoi fait-il référence? Que pensez-vous? Que veut dire «*Est-ce que quelqu'un connaît?*» dans ce contexte?
   a. Est-ce que quelqu'un est familier avec (est un peu expert en) la Normandie?
   b. Est-ce que quelqu'un a déjà fait la connaissance de Noël?
   c. Est-ce que quelqu'un comprend la Normandie?

4. Jean-François annonce à la fin (après tous ces préparatifs et discussion!):
   «*Ben moi, finalement je vais rester à Paris. Je vais faire du tennis.*»

   Soudain (quelle surprise!) Marie-Christine annonce qu'elle aussi, elle va passer le pont à Paris:
   «*Bon, moi je crois que je vais rester aussi* (elle hésite...)... *travailler.*»

   Tout à coup ce petit café ordinaire a l'air romantique, n'est-ce pas?

   Selon le contexte, que veut dire «*rester*»? (Attention! Il faut bien réfléchir!)
   a. retourner
   b. prendre du repos
   c. ne pas quitter

Chapitre 7   **341**

D. Play **Module V** from point 35:22 to 36:19 as many times as you like.

Avez-vous compris?

Répondez à la question (en français, bien sûr) posée par le narrateur. (C'est la première chose qu'elle dit.)

_____

_____

_____

E. Play **Module V** from point 36:20 to 37:11 as many times as you like.

Avez-vous compris?

Répondez en français.

1. Alissa pense que le train part à quelle heure?

    _____

2. Quel est le numéro du train qu'elle a choisi?

    _____

3. Ils ne peuvent pas prendre ce train. Pourquoi pas? (NOTEZ BIEN: «ne... que» = *only*.)

    _____

Regardons!

A. Play **Module V** from point 32:40 to 34:29 as many times as you like.

Avez-vous compris?

1. V F   Bruno et Jean-François aiment le chocolat chaud.

2. V F   Alissa désire un café au lait.

B. Play **Module V** from point 34:30 to 35:21 as many times as you like.

Avez-vous compris?

1. V F   Ces amis ne veulent pas beaucoup dépenser pour ce petit voyage.

2. V F   Leur plus grand problème est le transport.

3. V F   L'ami de Bruno, Noël, n'est pas connu de tous les amis autour de la table au café sauf, bien sûr, Bruno!

4. V F   Marie-Christine dit qu'elle a décidé de ne pas accompagner les amis en Normandie et de rester à Paris, parce qu'elle va travailler.

C. Play **Module V** from point 35:21 to 36:17 as many times as you like.

Qui a dit... ?

Write the first name of the person who said each of the following in the video. Watch the segments again if you need to do so.

_____ 1. «Vous désirez?»

_____ 2. «Ah, il fait beau. Merci, Madame.»

_____ 3. «Voilà, Madame.»

_____ 4. «Un café crème, s'il vous plaît.»

_____ 5. «Un café au lait... crème...»

_____ 6. «Moi, aussi!»

_____ 7. «Génial!»

_____ 8. «Un café noir.»

Après avoir regardé!

A. Analysons!

1. Le garçon de café arrive avec les boissons. Voilà le dialogue qui suit:

   GARÇON DE CAFÉ: *«Excusez-moi. Le café crème, c'est pour?»*
   JEAN-FRANÇOIS: *«Madame.»*
   ALISSA: *«Ici.»*
   GARÇON DE CAFÉ: *«Voilà, Madame.»*
   ALISSA: *«Oui, merci. Mademoiselle!»*

   Quelqu'un a fait une erreur (une faute). C'était la faute de qui, et quelle est la faute?
   a. *Alissa:* Elle oublie quelle boisson elle a commandée.
   b. *Le garçon du café:* Il a utilisé *«Madame»* avec Alissa.
   «Mademoiselle» est le bon terme d'adresse ici.
   c. *Jean-François:* Il a utilisé *«Madame»* avec Alissa.
   «Mademoiselle» est le bon terme d'adresse ici.

2. Marie-Christine demande *«un café noir»* mais le garçon du café utilise l'expression *«un petit café noir»*. Pourquoi utilise-t-il le mot *«petit»*?
   a. *«Un café noir»* veut dire *«un express»* (une petite tasse de café très fort).
   b. Parce qu'il veut dire que c'est trop tard pour une grande tasse de café.
   c. Il essaie d'être charmant et habile.

B. Analysons!

Vous avez sans doute remarqué que le français conversationnel est souvent l'équivalent du français plus formel, mais en forme simplifiée. Dans ce segment, ces quatre amis utilisent plusieurs expressions familières. Essayez de déterminer l'expressio n équivalente en français formel.

1. Alissa dit:

   «On pourrait faire quelque chose, non?»

   Comment peut-on dire «non?» d'une manière (façon) moins familière?
   a. ..., n'est-ce pas?
   b. ..., tu ne comprends pas?
   c. ..., pourquoi pas?

2. Plus tard, Jean-François répond:

   «C'est quoi le pont?»

   L'équivalent en français formel est...
   a. Qu'est-ce que c'est qu'un pont?
   b. Quel pont?
   c. Qui est-ce?

3. Ses amis lui donnent une explication du sens idiomatique de l'expression *«le pont»*, et Jean-François répond: *«Ah bon»*. C'est une expression qui s'utilise souvent dans la conversation. *«Ah bon»* ne veut pas dire *«Ah, c'est bon!»*. Utilisez le contexte pour découvrir le sens de l'expression *«Ah, bon?»*.
   a. Je comprends.
   b. Continuez.
   c. Ce n'est pas bon.

4. Marie-Christine répond à l'idée proposée de faire un voyage ensemble:

   «Oui, on a le temps, mais faut pas que ça nous coûte trop cher.»

   Il y a deux mots supprimés dans sa réponse. Lesquels?
   a. il ne
   b. nous ne

5. Ils discutent les modes de transport possible pour leur petit voyage. Jean-François dit qu'ils n'ont pas de voiture. Marie-Christine répond:

   «On peut y aller en train, hein?»

   Comment dit-on *«hein?»* d'une façon plus formelle?
   a. N'est-ce pas?
   b. C'est ça?

6. Dans le français familier, quel pronom s'utilise le plus souvent pour le pronom *we* en anglais?
   a. nous
   b. on

Name _____ Section _____ Date _____

Impressions 5: *Lieux de rencontre, hier et aujourd'hui*

Avant de regarder!

Play **Impressions 5** from point 37:18 to 40:23 without the sound.

Réfléchissons-y!

Now make a list (in French!) of at least ten places where university-age students like to meet. Then, after you've watched the video with sound, return to the list and check off all the places you predicted that the narrator referred to in her commentary.

LIEU	MENTIONNÉ?	LIEU	MENTIONNÉ?
_____	____	_____	____
_____	____	_____	____
_____	____	_____	____
_____	____	_____	____
_____	____	_____	____
_____	____	_____	____

Regardons!

A. Look at the true-false questions below. See how many of them you can answer after listening just once to segment 37:18–38:53 of **Impressions 5**. After you answer them, you may replay this segment as many times as you like.

Avez-vous compris?

1. V F   Les universités n'organisent pas beaucoup de loisirs pour les étudiants.

2. V F   Le lieu de rencontre préféré des étudiants est le café.

3. V F   Les étudiants fréquentent les magasins qui se trouvent près des universités.

4. V F   Les jeunes Français n'aiment pas le fast-food.

5. V F   Il est interdit (illégal) pour les étudiants de se bronzer dans les parcs de Paris.

Chapitre 7   **345**

B. Look at the true-false questions below. See how many of them you can answer after listening just once to segment 38:55–40:23 of **Impressions 5**. After you answer them, you may replay **Impressions 5** as many times as you like.

Avez-vous compris?

1. V   F   Les jeunes en France commencent à s'intéresser de plus en plus à l'aérobic et à la santé physique.

2. V   F   Une espace Internet est un club ou un endroit ou l'on peut naviguer sur le Net (ou «*la toile*» ou «*W3*»).

3. V   F   La fontaine des Innocents se trouve en face du café Orbital.

4. V   F   Au Forum des Halles, les étudiants aiment étudier.

5. V   F   Au FNAC on peut écouter de la musique et acheter des CD, des livres, des DVD et toutes sortes d'appareils électroniques.

CHAPITRE 8

Module VII: *La poste*
Impressions 4: *Le beau temps*

In the first of these segments, Bruno tries to find a post office. In the second, you'll learn about the climate in Guadeloupe.

Module VII: *La poste*

Avant de regarder!

You will watch a clip in which Bruno and Alissa are looking around town after going to visit a château. See if you can guess the meaning of some new vocabulary from the context.

Play **Module VII** from point 49:29 to 54:14 without the sound.

Réfléchissons-y!

Based solely on viewing this episode without sound, write (in French) a brief summary (no more than four sentences) of what you think happens in the video.

_____

_____

_____

_____

Devinez!

Try to guess, from your understanding of the context, what will be said in this segment.

1. Après avoir passé un peu de temps à traîner dans les boutiques, Alissa retrouve Bruno. Il a acheté des cartes postales et une autre chose. Il dit:

    «*Maintenant, il faut que je trouve la poste pour envoyer mes cartes postales et, en plus, ce cadeau que j'ai acheté pour ma mère au Sénégal.*»

    Quel est un bon synonyme pour l'expression «*ce cadeau*»?
    a.   ce paquet
    b.   ce présent
    c.   ce livre

2. Bruno cherche la poste, sans succès. Il demande les directions à trois différents (groupes de) passants. Quand même, il n'arrive pas à trouver la poste dans ce petit village. Après plusieurs échecs, et assez de frustration, Bruno dit:

«*Zut! Zut, zut, zut! Elle se trouve où, cette poste?*»

Quel est un antonyme (un mot avec le sens opposé) du mot «*Zut!*»?
a. Génial!
b. Enfin!
c. Dommage!

Regardons!

A. Play **Module VII** from point 49:29 to 50:44 as many times as you like.

Avez-vous compris?

1. Alissa va acheter une _____ et Bruno cherche des

_____.

2. V   F   Alissa n'aime pas les cartes que Bruno a achetées.

3. Le monsieur explique comment trouver la poste: pour y arriver, il faut...
   a. aller au feu et tourner à gauche.
   b. aller au feu et tourner à droite.
   c. aller au coin de la rue et tourner à droite.

4. V   F   Le monsieur dit que la poste se trouve en face du Monoprix.

B. Play **Module VII** from point 50:45 to 52:11 as many times as you like.

Avez-vous compris?

1. V   F   La poste se trouve en face du Monoprix.

2. Le monsieur et la dame disent que la poste est située à combien de mètres à peu près?
   a. 400 mètres
   b. 500 mètres
   c. 100 mètres
   d. 8 mètres

Name _____ Section _____ Date _____

C. Play **Module VII** from point 52:12 to 53:24 as many times as you like. In this segment there are several words you haven't learned yet, but you may be able to guess their meanings—if you pay careful attention.

Avez-vous compris?

«L'âme de la France profonde, c'est la boutique et le petit magasin. Dans

_____, on vend de la porcelaine pour les jours de fête.

Dans _____, on vend _____ pour tous

les jours. Dans _____, on vend des médicaments, du savon et du

shampooing. Ailleurs, on vend de la bijouterie et _____, et

_____. On vend des _____, de la viande, de

l'électroménager. On vend des livres, _____ ou des lunettes. Même

dans les agences, _____ ou _____, le client est

sûr d'être reçu comme un vieil _____.»

D. Play **Module VII** from point 53:26 to 54:14 as many times as you like.

Avez-vous compris?

1. V F Bruno a trois cartes et un colis à envoyer.

2. V F Il faut 7 francs pour envoyer les cartes.

3. V F Le colis pèse 900 grammes.

4. V F La totalité pour les cartes et le colis est 79 francs.

5. V F Bruno trouve la totalité raisonnable.

Chapitre 8 **349**

Après avoir regardé!

A. Analysons!

It's common for languages to adapt literal expressions to convey particular meanings in different conversational contexts. In English, for example, the word *fine* means *excellent* or *delicate*; but in a greeting, as the answer to "How are you?" "Fine" simply means "OK." Furthermore, in a conversation in which plans are being made, "Fine!" can mean "OK, we agree!" Take a look at the use of some expressions used in **Module VII** whose literal meanings you already know. See if you can explain their specialized, conversational meanings in the given context.

1. Bruno demande des renseignements d'un passant. Voilà leur petite conversation:

   BRUNO: «*Au feu, à droite?*»
   PASSANT: «*Voilà, tout à fait.*»
   BRUNO: «*A côté du Monoprix?*»
   PASSANT: «*Voilà.*»

   Vous savez déjà qu'en français, on utilise «*Voilà*» et «*Voici*» pour indiquer où se trouve quelque chose (le locale physique). Mais dans ce contexte «*Voilà*» semble avoir un sens assez distinct. Ecrivez (en français) un mot ou une expression qui est, à peu près, équivalente à «*Voilà*» dans ce contexte.

   _____

2. Quand Bruno part pour chercher le bureau de poste, Alissa lui dit:

   «*Allez, bonne chance!*»

   Vous savez déjà le sens littéral du verbe «*aller*». Et vous comprenez qu'en français on peut supprimer le sujet de «*Vous allez à...*» pour créer l'expression «*Allez à...*», qui est à l'impératif. Mais dans ce contexte, il est évident que «*Allez*» a un sens assez particulier. Trouvez un autre mot ou expression qui peut remplacer «*Allez*» dans cette expression avec plus ou moins le même sens.

   «_____, bonne chance!»

B. Analysons!

Le narrateur semble dire quelque chose d'assez signifiant et même philosophique quand il explique:

«L'âme de la France profonde, c'est la boutique et le petit magasin.»

Qu'est-ce que le narrateur essaie de dire ici? Est-ce qu'il veut vraiment dire que l'âme de la France se trouve dans le commerce? Que pensez-vous? Quel est le point de vue du narrateur? Expliquez votre interprétation de cette généralisation dans un petit paragraphe (en français, bien sûr!).

_____

_____

_____

_____

_____

_____

Impressions 4: *Le beau temps*

Avant de regarder!

In Guadeloupe there are two seasons, **le carême** and **l'hivernage**. Even during the relatively colder **hivernage**, Guadeloupe is tropical and warm. The way houses are constructed and where people tend to spend their free time are very much affected by climate and the weather.

Play **Impressions 4** from point 30:36 to 32:33 without the sound.

Devinez!

Which of the following vocabulary items are you likely to hear when you play this segment with sound?

1. _____ le soleil   6. _____ froid

2. _____ une terrasse   7. _____ le manteau

3. _____ les tulipes   8. _____ une véranda

4. _____ très agréable   9. _____ vivre à l'intérieur

5. _____ horrible

Regardons!

A. Play **Impressions 4** from point 30:36 to 31:19 as many times as you like.

Avez-vous compris?

1. V   F   En Guadeloupe, pendant la saison du carême il fait relativement frais.

2. V   F   En Guadeloupe, pendant la saison de l'hivernage, il pleut beaucoup.

3. V   F   En Guadeloupe, on aime manger dehors.

B. Play **Impressions 4** from point 31:20 to 32:33 as many times as you like.

Avez-vous compris?

1. V   F   Les Guadeloupéens aiment manger sur leurs terrasses et leurs vérandas.

2. V   F   Il fait chaud, donc beaucoup de Guadeloupéens vivent dehors.

3. V   F   En Guadeloupe, quand il y a une fête et beaucoup de monde arrive, on va dehors normalement.

CHAPITRE 9

Module VI: *Le château Saint-Jean*

In this segment, Noël takes Bruno and Alissa to visit a château near his home.

Avant de regarder!

Play **Module VI** from point 40:30 to 43:20 without the sound.

Réfléchissons-y!

Based on simple logic and what you have surmised from viewing this segment without sound, put the following statements made by various people in the scene in correct order, beginning with 1.

_____ «Je pense que vous allez aimer notre château médiéval.»

_____ «Vous voulez voir les autres parties du château?»

_____ «Du haut des tours, il y a une vue spectaculaire...»

_____ «Ça c'est la salle des gardes, mais maintenant c'est une salle d'exposition.»

_____ «Zut! Tu as usé tout mon film!»

Regardons!

A. Play **Module VI** from point 40:30 to 41:18 as many times as you like.

   Avez-vous compris?

   1. V   F   Alissa et Bruno prennent le train de 15 h 05.

   2. V   F   Alissa connaît déjà Noël.

B. Play **Module VI** from point 41:19 to 42:48 as many times as you like.

   Avez-vous compris?

   1. V   F   La construction du château est solide.

   2. V   F   Il faut du chauffage en été.

C. Play **Module VI** from point 42:49 to 42:48 as many times as you like.

Avez-vous compris?

1. V F Le long de la Seine, il y a des châteaux qui datent du dix-huitième siècle.

2. V F Près de Paris, il y a des châteaux du dix-septième siècle.

D. Play **Module VI** from point 43:32 to 44:33 as many times as you like.

Avez-vous compris?

1. V F Le château s'appelle le château Saint-Pierre.

2. V F La maison de Noël est située devant la forêt.

Après avoir regardé!

Analysons!

Guess the meaning of some of the vocabulary used in this segment, using your related knowledge and your knowledge of how French works.

1. Quand elle voit la cheminée (*fireplace*), Alissa dit:

   «*Qu'est-ce qu'elle est grande! Mais il faut beaucoup de bois pour cette cheminée-là!*»

   Que veut dire «*bois*»?
   a. branches des arbres
   b. soldats
   c. briques

2. Noël dit à ses deux amis:

   «*Ça, c'est la salle des gardes, mais maintenant, c'est une salle d'exposition.*»

   Vous savez déjà l'expression «*salle* de classe». Alors, quel est un synonyme pour l'expression «*une salle d'exposition*»?
   a. une galerie
   b. un garage
   c. une salle de conférence

3. Noël dit:

   «*Vous allez voir comment on se réchauffe au moyen âge.*»

   Normalement, on a besoin de «*se réchauffer*» quand on...
   a. a froid.
   b. a faim.
   c. a sommeil.

Name _____ Section _____ Date _____

Bon appétit!

Imagine that it is December 1295, and that you are present at a meal being served to guards in the «*salle des gardes*» of the château Saint-Jean. In a short paragraph, describe (in French) what you see. (Here are some suggestions: What is being served? What do people look like? What are they doing?)

_____

_____

_____

_____

_____

_____

CHAPITRE 10

Module VIII: *En panne*

In this segment, Noël drives his friends Alissa and Bruno to his home.

Avant de regarder!

A. Regardez **Module VIII** de 57:53 à 1:02:20 sans audio.

Réfléchissons-y!

1. Il y a un problème: la voiture de Noël est en panne. Voilà un peu de leur conversation:

   BRUNO: «*Elle est peut-être en panne d'essence?*»
   NOËL: «*Ça doit être ça. Allez, tout le monde dehors, et on pousse.*»

   Que veut dire l'expression «*en panne d'essence*»? Montrez que vous comprenez cette expression en répondant à cette question: Quand on est en panne d'essence, quelle est la simple solution?

   _____

2. Maintenant, considérez la deuxième partie de cet échange:

   BRUNO: «*Elle est peut-être en panne d'essence?*»
   NOËL: «*Ça doit être ça. Allez, tout le monde dehors, et on pousse.*»

   Donnez une traduction en anglais de «*Allez, tout le monde dehors, et on pousse.*»

   _____

3. Ils arrivent dans la station-service et Emile, le propriétaire, sort. Les deux hommes se saluent, puis Noël dit:

   «*Le plein, s'il te plaît.*»

   Donnez une traduction en anglais de cette phrase.

   _____

Regardons!

A. Regardez **Module VIII** de 57:53 à 1:00:12 avec audio.

Avez-vous compris?

1. V F Bruno veut savoir quand ils vont arriver chez Noël.

2. V F Noël connaît Emile bien.

3. V F L'essence a coûté 160 francs.

B. Regardez **Module VIII** de 1:00:13 à 1:00:49 avec audio.

Avez-vous compris?

1. V F Noël vient d'acheter une nouvelle voiture.

2. V F Le garagiste pense que c'est probablement la batterie.

C. Regardez **Module VIII** de 1:00:51 à 1:01:48 avec audio.

Avez-vous compris?

1. Entre les Français et leur _____ c'est le grand _____.

2. La limitation est à _____ kilomètres à l'heure sur l'autoroute et à

   _____ kilomètres à l'heure sur les routes nationales.

3. Voilà sept marques de voitures. Lesquelles sont françaises?

   _____ Citroën   _____ Volvo

   _____ Saab   _____ Renault

   _____ Peugeot   _____ Mercedes

   _____ Jaguar

D. Regardez **Module VIII** de 1:01:49 à 1:02:20 avec audio.

Avez-vous compris?

1. V F Alissa explique que Noël a brûlé la batterie.

2. V F Emile explique qu'il peut la réparer, mais pas avant l'après-midi, demain.

Après avoir regardé!

Qui a dit... ?

Remplissez les tirets avec le nom de la personne qui a dit le suivant. (Choisissez parmi: le garagiste, Bruno, Alissa, Noël.)

_____ 1. «Tu ouvres le capot, je vais regarder.»

_____ 2. «J'espère que ça ne coûte pas trop cher.»

_____ 3. «Noël! Je crois que tu viens de griller tout ton système électrique!»

_____ 4. «Qu'est-ce qu'elle est belle, ta Normandie!»

_____ 5. «Faut me retéléphoner demain soir.»

_____ 6. «Ça doit être ça. Allez, tout le monde dehors, et on pousse.»

_____ 7. «Le plein, s'il te plaît.»

Analysons!

Informal language often takes an expression from more formal language and assigns it a more specialized, slang meaning. In English, for example, the expression *way out* (which means literally "way of escape" or "far away") was adopted into slang to mean "really cool" or "wonderful." See if you can discern the slang meaning of the following expressions used in this segment.

1. Alissa dit:

    «Qu'est-ce qu'elle est belle, ta Normandie!»

    Sa phrase commence avec «*Qu'est-ce que...*», mais à cause de son ton de voix, il est évident que ce n'est pas une question. Au fait, elle voudrait montrer une réaction enthousiaste. Essayez de trouver une autre manière de dire à peu près la même chose, utilisant le français que vous savez déjà.

    _____

2. Ils sont en route et la voiture s'arrête. Alissa pose la question:

    «Mais qu'est-ce qu'elle a, ta voiture?»

    Littéralement, cela veut dire «*Qu'est-ce que ta voiture possède?*» Comme on a déjà vu, il est évident qu'il s'agit ici d'une expression idiomatique. Essayez d'écrire une phrase qui résume l'idée de cette phrase, en français.

    _____

3. Quand sa voiture est toujours en panne, même après avoir fait le plein, Noël, exaspéré, dit:

    «Qu'est-ce qui se passe encore? Emile!»

    Il y a plusieurs manières d'exprimer l'exaspération en français, qui évoquent un sentiment similaire. Ecrivez une phrase qui exprime la même frustration (en français, bien sûr).

    _____

CHAPITRE 11

Module IX: *Au Centre Pompidou*

In this segment, Yves and Moustafa go to the Centre Pompidou so that Moustafa can begin research on a report he has to do. In addition to the Centre Pompidou, you will have a chance to see a variety of examples of architecture in Paris.

Avant de regarder!

Regardez **Module IX** de 1:04:37 à 1:09:54 sans audio.

Quelle est la bonne séquence?

Essayez de mettre en ordre les citations suivantes.

_____ «Je vais chercher les livres dont j'ai besoin.»

_____ «J'ai fait toute une liste des projets récents à Paris.»

_____ «Allez, viens... Allez, viens; c'est par-là. Sur quel projet tu travailles en ce moment?»

_____ «C'est chouette, la musique, hein?»

Réfléchissons-y!

1. Quand Yves suggère que Moustafa aille voir s'il y a des bandes vidéos au sujet de la pyramide du Louvre, Moustafa répond:

   «Ah, bonne idée! Tu viendras voir avec moi?»

   Il y a deux mots qu'il a laissé tomber. Quelle est la phrase équivalente en français formel?

   _____

2. Yves et Moustafa décident d'aller directement au Louvre pour voir la pyramide. Moustafa est content de leur décision et dit:

   «Ah oui, pas mal ton idée.»

   Ecrivez l'équivalent de sa réponse en français formel.

   _____

3. Ils décident d'entrer dans la pyramide. Ils posent une question à un passant:

«*L'entrée se trouve de quel côté?*»

Ecrivez l'équivalent de sa réponse en français formel.

_____

4. Le passant répond:

«*... aujourd'hui, le mardi, le musée est fermé. Alors faudra revenir, hein? D'accord?*»

Ecrivez l'équivalent de sa réponse en français formel.

_____

Regardons!

A. Regardez **Module IX** de 1:00:37 à 1:05:43 avec audio.

Avez-vous compris?

1. V   F   La fête de la musique a eu lieu le dimanche passé.

2. V   F   Il n'est pas certain que Bruno et Alissa soient à la fête.

3. V   F   Moustafa écrit un rapport sur l'architecture moderne.

B. Regardez **Module IX** de 1:05:44 à 1:08:16 avec audio.

Avez-vous compris?

1. V   F   Moustafa connaît bien la construction moderne.

2. V   F   Yves est satisfait de la qualité de la photographie.

3. V   F   La nouvelle entrée du Louvre a été construite en 1989.

C. Regardez **Module IX** de 1:08:17 à 1:09:54 avec audio.

Avez-vous compris?

1. En quelle année est-ce qu'on a ouvert au public le Centre Georges Pompidou? _____

2. L'esplanade devant le Centre est devenue très vite le lieu de rencontre des

_____.

3. A l'intérieur, il y a le musée _____.

D. Regardez **Module IX** de 1:09:54 à 1:10:37 avec audio.

Avez-vous compris?

1. V   F   Yves déteste la pyramide.

2. V   F   Le monsieur ne sait pas où se trouve l'entrée.

3. V   F   La pyramide du Louvre est fermée le mardi.

Après avoir regardé!

A. *Analysons!*

1. Moustafa dit:

   «Je dois faire un rapport sur la construction nouvelle. Mais je n'y connais pas grand chose. Comment tu fais, toi, quand tu as un nouveau sujet à rechercher?»

   A quoi est-ce que le mot «*y*» fait référence ici?
   a. un rapport
   b. la construction nouvelle
   c. je

2. Lisez l'échange suivante:

   MOUSTAFA: *«Et au fait, Bruno et Alissa seront là dimanche pour la fête de la musique?»*
   YVES: *«Ben, j'espère. Ils ont eu des problèmes de voiture, mais normalement ils seront là dimanche, enfin, comme prévu.»*

   A quoi est-ce que le mot «*là*» fait référence?
   a. dimanche
   b. à la fête de musique
   c. les problèmes

3. YVES: *«Mais, je sais pas moi. Souvent je commence par regarder dans le dictionnaire ou dans une encyclopédie, pour avoir une idée très générale du sujet.»*
   MOUSTAFA: *«Ça, je l'ai déjà fait. J'ai fait toute une liste des projets récents à Paris.»*

   A quoi est-ce que le mot «*l'*» dans «*Je l'ai déjà fait*» fait référence?
   a. regarder dans le dictionnaire ou dans une encyclopédie
   b. une idée très générale
   c. le sujet

B. *Analysons!*

On utilise souvent le mot «*ça*» dans ce segment. Vous avez sans doute déjà remarqué qu'en français familier le mot «*ça*» s'utilise beaucoup. Analysez les extraits suivants et expliquez à quoi le mot «*ça*» fait référence dans chaque situation.

1. Yves suggère à Moustafa qu'il fasse une liste des projets de constructions récentes à Paris, et Moustafa répond:

   «*Ça, je l'ai déjà fait. J'ai fait toute une liste des projets récents à Paris.*»

   A quoi est-ce que le mot «*Ça*» fait référence ici?

   _____

2. Quand Moustafa lui montre un livre sur la pyramide du Louvre, Yves répond:

   «*On voit mal. C'est difficile d'analyser sa construction avec une petite photo comme ça.*»

   Ecrivez une traduction pour «*comme ça*» (en anglais) dans ce contexte.

   _____

3. Yves continue:

   «*Ils ont peut-être des vidéos. Tu devrais voir ça.*»

   A quoi est-ce que le mot «*ça*» fait référence ici?

   _____

4. Plus tard, Yves suggère qu'ils aillent directement au Louvre afin de voir la pyramide.

   MOUSTAFA: «*Et mon rapport?*»

       YVES: «*Tu finiras ça demain.*»

   Ecrivez l'équivalent de la réponse d'Yves en français formel.

   _____

Name _____ Section _____ Date _____

CHAPITRE 12

Module X: *Au marché, rue Mouffetard*

In this segment, Yves goes grocery shopping for his twenty-first birthday celebration.

Avant de regarder!

A. Regardez **Module X** de 1:13:41 à 1:17:30 avec audio.

Réfléchissons-y!

Essayez de comprendre l'essentiel de ce segment, puis répondez aux questions.

1. Yves fait les courses malgré (*in spite of*) le mauvais temps. Il dit à la poissonnière:

   «*Quel sale temps, hein?*»

   Vous savez déjà le mot «*propre*». Le mot «*sale*» est l'antonyme du mot «*propre*». Alors, quel est le meilleur équivalent de l'expression «*Quel sale temps!*»?
   a. Quel beau temps!
   b. Quel mauvais temps!
   c. Quel temps fait-il?

2. A la fin de son observation, il dit «*hein?*» («*Quel sale temps, hein?*»). Choisissez l'équivalent de ce mot en français plus formel.
   a. ... n'est-ce pas?
   b. ... d'accord?
   c. ... pardon?

3. Il pose des questions à la poissonnière en ce qui concerne le poisson. Elle lui donne trois suggestions:

   «*Eh bien, je peux vous proposer des truites, à faire à la poêle...*»
   «*Ou bien des tranches de thon à préparer au barbecue...*»
   «*Ou encore des filets de saumon, à préparer au four.*»

   Vous avez déjà entendu le mot «*four*» dans le segment qui décrivait comment préparer le pain français. Montrez que vous comprenez le sens de ce mot, en répondant à la question suivante:

   On utilise un «*four*» pour...
   a. se rechauffer.
   b. cuire.
   c. congeler.

4. La poissonnière dit:

    «*Eh bien, je peux vous proposer des truites, à faire à la poêle...*»

    Selon le contexte, une «*poêle*» est probablement...
    a. une épice.
    b. un ustensile de cuisine.
    c. une manière de faire la cuisine.

Regardons!

A. Regardez **Module X** de 1:13:41 à 1:14:39 avec audio.

Avez-vous compris?

1. V   F   Yves fait souvent la cuisine.

2. V   F   Il s'intéresse le plus au thon.

3. V   F   Il choisit le saumon, malgré le fait qu'il est difficile à préparer.

B. Regardez **Module X** de 1:14:40 à 1:15:35 avec audio.

Avez-vous compris?

1. V   F   La poissonnière lui dit de mettre le saumon dans le micro-ondes pour dix minutes.

2. V   F   Le troisième ingrédient est le vin blanc.

3. V   F   Il achète le saumon pour quatre membres de sa famille.

4. V   F   Il paie 71 francs.

C. Avant de regarder encore le prochain segment, essayez de trouver l'équivalent anglais des mots suivants.

Au marché

_____ des aubergines	1.	raspberries
_____ des champignons	2.	onions
_____ des framboises	3.	radishes
_____ des melons	4.	goat cheese
_____ des oignons	5.	green peppers
_____ des poivrons verts	6.	melons
_____ des radis	7.	sheep's milk cheese
_____ du fromage de brebis	8.	mushrooms
_____ du fromage de chèvre	9.	eggplant

Name _____ Section _____ Date _____

D. Regardez **Module X** de 1:15:36 à 1:17:00 sans audio.

Au marché

Quels sont les aliments que vous observez dans ce segment?

_____ 1. des champignons   _____ 6. des concombres

_____ 2. des oignons   _____ 7. du persil

_____ 3. des poivrons verts   _____ 8. des raisins

_____ 4. des olives   _____ 9. des petits pois

_____ 5. des pommes   _____ 10. des radis

E. Regardez **Module X** de 1:15:36 à 1:17:00 avec audio.

Avez-vous compris?

1. Dans un restaurant, qu'est-ce que le maître d'hôtel dit pour vous inviter à s'asseoir à votre table?
   a. Asseyez-vous.
   b. Votre table est prête.
   c. Votre table est là-bas.

2. La Rigotte est une variété de fromage...
   a. de vache.
   b. de chèvre.
   c. de brebis.

3. Le Tamie est une variété de fromage...
   a. de vache.
   b. de chèvre.
   c. de brebis.

4. Qu'est-ce qu'on dit à ses compagnons au moment où l'on est prêt à commencer à manger?
   a. Bon appétit!
   b. Ne mangez pas trop vite!
   c. A votre santé!

F. Regardez **Module X** de 1:17:01 à 1:17:30 avec audio.

Avez-vous compris?

1. Le marchand annonce: «Artichaut _____ et tendre!»

2. Yves cherche à acheter _____.

3. Mais le marchand dit qu'il ne vend que des _____.

Après avoir regardé!

Analysons!

Est-ce que vous avez remarqué qu'il y a une distinction importante entre une tradition américaine et une tradition française en ce qui concerne fêter les anniversaires? Quelle est cette distinction? Que pensez-vous de cette tradition française?

_____

_____

_____

_____

_____

CHAPITRE 13

Impressions 7: *Les quartiers d'habitation*
Impressions 8: *La fête des cuisinières*

You are going to watch two video segments. In the first, you will learn about the various places people choose to live in Guadeloupe. In the second, you will learn about an important annual celebration in Guadeloupe that honors Guadaloupean cuisine and its female chefs.

Impressions 7: *Les quartiers d'habitation*

Avant de regarder!

A. Regardez **Impressions 7** de 54:23 à 57:20 sans audio.

Réfléchissons-y!

The topic of this segment is housing in Guadeloupe. Given both what you know about global changes in housing and what you observed, which of the following trends will probably be discussed in this video segment?

_____ 1. The retreat from inner-city neighborhoods to outlying suburbs.

_____ 2. Traditional versus modern housing choices.

_____ 3. Government initiatives to rejuvenate areas abandoned by the upwardly mobile.

_____ 4. The loss of traditional support systems due to migration.

Devinons les mots apparentés!

Voici une liste des mots utilisés dans ce segment. Ce sont des mots similaires à l'anglais. Considérez ce que vous savez déjà en ce qui concerne la formation des mots en français, et essayez d'écrire l'équivalent anglais de chaque mot.

la majorité	_____	grandir ses enfants	_____
une commune	_____	les projets	_____
ressembler	_____	l'abandon de la ville	_____
se détériorer	_____	une rénovation	_____
décaser	_____	un objet	_____
l'atmosphère	_____	citer	_____
un quartier	_____	un habitat	_____

Regardons!

A. Regardez **Impressions 7** de 54:23 à 55:16 avec audio.

Avez-vous compris?

1. Un bon titre pour cette partie de la vidéo serait...
   a. L'habitation en Guadeloupe: la ville.
   b. L'habitation en Guadeloupe: la banlieue.
   c. L'habitation en Guadeloupe: l'abandon des anciens quartiers.

2. V   F   Point-à-Pitre est la capitale économique de Guadeloupe.

3. V   F   Jean-Luc habite un quartier moderne.

4. V   F   Jean-Luc connaît beaucoup de gens dans son quartier.

5. V   F   Ses grands-parents y habitaient.

B. Regardez **Impressions 7** de 55:18 à 56:02 avec audio.

Avez-vous compris?

1. Un bon titre pour ce segment de la bande vidéo serait...
   a. L'habitation en Guadeloupe: la ville.
   b. L'habitation en Guadeloupe: la banlieue.
   c. L'habitation en Guadeloupe: l'abandon des anciens quartiers.

2. V   F   Lisa habite Le Raizet.

3. V   F   Les amies de Lisa ont tendance à se situer dans la banlieue après s'être mariées.

4. V   F   Beaucoup de gens choisissent de vivre dans des communes plus éloignées, surtout quand ils commencent à avoir des enfants.

C. Regardez **Impressions 7** de 56:05 à 57:50 avec audio.

Avez-vous compris?

1. Un bon titre pour cette partie de la vidéo serait...
   a. L'habitation en Guadeloupe: la ville.
   b. L'habitation en Guadeloupe: la banlieue.
   c. L'habitation en Guadeloupe: l'abandon des anciens quartiers.

2. V   F   Beaucoup de quartiers en ville se détériorent.

3. V   F   Il y a des projets qui décasent les gens pour créer des habitations qui ressemblent aux appartements.

4. V   F   Marcelle voulait élever ses enfants en ville.

5. V   F   Marcelle n'a vraiment pas de relations particulières avec ses voisines.

6. Madame Jacoby-Coaly fait référence à trois quartiers où il y a déjà des projets. Quels quartiers mentionne-t-elle?

   _____ le Carenage   _____ la Soufrière

   _____ Broissard   _____ la Cour Zamia

   _____ Saint-Louis   _____ Abymes

Après avoir regardé!

Qui a dit... ?

Remplissez les tirets avec le nom de la personne qui a dit le suivant. (Choisissez parmi: Lisa, Jean-Luc, Madame Jacoby-Coaly, Marcelle, le narrateur.)

_____ 1. «Juste à côté, il y a une dame que je connais.»

_____ 2. «D'autres habitent un peu en dehors de la ville, dans la banlieue.»

_____ 3. «Nous ne sommes pas loin de la mer.»

_____ 4. «La majorité de mes amies sont... n'habitent plus le quartier.»

_____ 5. «Mais ce sont des quartiers où je pense qu'il existe déjà des projets où les gens vont être décasés pour permettre d'autres constructions de l'habitat.»

_____ 6. «C'est un quartier qu'on aime beaucoup, où il y a beaucoup d'animation.»

_____ 7. «Il y a des quartiers pauvres et des quartiers riches.»

_____ 8. «Et c'est vrai que malheureusement, nombreux sont ceux qui habitent à l'extérieur de la ville, dans des communes comme Gosier, Sainte-Anne, Saint-François, Le Moule.»

_____ 9. «Avant, nous étions comme tout le monde en appartement.»

Avant de regarder!

Réfléchissons-y!

Ce segment a comme sujet «La fête des cuisinières» en Guadeloupe. Considérez les façons traditionnelles pour faire les courses et les ingrédients probables dans cette cuisine traditionnelle et essayez de prédire les mots qui seront utilisés dans ce segment.

_____ le panier (*basket*)	_____ des pommes	_____ cuisiner
_____ les marchands	_____ nettoyer	_____ le repas
_____ le supermarché	_____ dormir	_____ décorer
_____ des bananes	_____ célébrer	_____ le cortège (*parade*)
_____ préparer	_____ le marché	_____ goûter (*to taste*)
_____ une spécialité	_____ un buffet	_____ la démocratie
_____ le téléphone	_____ la gare	_____ le Québec

Regardez **Impressions 8** de 1:02:20 à 1:03:24 sans audio. Et cochez (*check off*) les choses que vous avez remarquées.

Regardons!

A. Regardez **Impressions 8** de 1:02:20 à 1:03:24 avec audio.

Avez-vous compris?

1. Viviane Madacombe est la nouvelle _____ de *Cuisto-mutuelle* (le groupe qui s'appelle «les Cuisinières»).

2. Le saint patron des Cuisinières est...
   a. Saint Eustache
   b. Saint Laurent
   c. Sainte Anne

3. Combien de fois par an est-ce que «les Cuisinières» célèbrent leur fête? _____

4. La fête se célèbre toujours quel jour de la semaine? _____

5. La fête se compose de deux activités importantes: (a) la messe et

   (b) _____ pour le public.

B. Regardez **Impressions 8** de 1:03:25 à 1:04:16 avec audio.

Avez-vous compris?

Le dimanche où l'on célèbre la fête des Cuisinières en Guadeloupe, qu'est-ce qui se passe? Mettez les activités typiques dans l'ordre chronologique selon la description de Viviane Madacombe.

_____ Les cuisinières se lèvent.

_____ Les cuisinières se maquillent.

_____ A 9 h 30, elles forment un cortège (avec la statue de Saint Laurent en tête).

_____ Elles assistent à la messe, à l'église catholique.

_____ Elles décorent leurs paniers.

_____ Elles font un buffet pour le public.

_____ Elles repartent de l'église pour aller à l'endroit de la réception.

_____ Elles retournent à la maison.

_____ Elles s'amusent à goûter les spécialités d'autres membres de leur groupe.

_____ Elles se lavent.

_____ Elles s'habillent, toutes dans la même robe traditionnelle.

_____ Elles vont au marché.

_____ Les marchandes leur donnent un fruit ou autre chose que la cuisinière a l'habitude d'acheter normalement.

Après avoir regardé!

Analysons!

Que pensez-vous?

1. A la métropole (la France européenne), quand on dîne en famille ou quand il y a une fête à la maison, la plupart du temps qui fait la cuisine?
   a. les hommes
   b. les femmes
   c. les deux

2. En Guadeloupe, quand on dîne en famille ou quand il y a une fête à la maison, la plupart du temps qui fait la cuisine?
   a. les hommes
   b. les femmes
   c. les deux

3. A la métropole, la plupart des grands chefs (cuisiniers) sont des hommes. En Guadeloupe...
   a. la majorité des grands chefs sont des hommes.
   b. la majorité des grands chefs sont des femmes.
   c. 50% des grands chefs sont des hommes, et 50% sont des femmes.

4. En Guadeloupe, on trouve des grands chefs et aux restaurants européens et aux restaurants traditionnels (guadeloupéens). En Guadeloupe...
   a. la plupart des grands chefs aux restaurants européens sont des hommes.
   b. la plupart des grands chefs aux restaurants européens sont des femmes.
   c. 50% des chefs aux restaurants européens sont des hommes, et 50% sont des femmes.

5. Aux restaurants traditionnels en Guadeloupe...
   a. la plupart des grands chefs sont des hommes.
   b. la plupart des grands chefs sont des femmes.
   c. 50% des grands chefs sont des hommes, et 50% sont des femmes.

6. Dans les grands restaurants, il y a des chefs diplômés (des chefs qui ont fait des études spécialisées et dont les diplômes sont reconnus autour du monde). En Guadeloupe...
   a. la plupart des chefs diplômés sont des hommes.
   b. la plupart des chefs diplômés sont des femmes.
   c. 50% des chefs diplômés sont des hommes, et 50% sont des femmes.

CHAPITRE 14

Impressions 9: *L'architecture*
Impressions 10: *Les courses et les repas*

You are going to watch two video segments. The first will give you a taste of the wide range of architectural styles you can find in France. In the second, you will have a chance to compare traditional daily shopping routines with the fast-paced modern approaches.

Impressions 9: *L'architecture*

Avant de regarder!

Regardez **Impressions 9** de 1:10:42 à 1:13:37 sans audio.

Réfléchissons-y!

Whenever we choose to watch a video program, we automatically prepare ourselves by thinking about the topic of the presentation and then using that information to predict what will be said and shown. This technique is especially helpful in foreign language video viewing. And it is doubly helpful when you suspect that the video may include several proper nouns, as this one does.

The following activity asks you to predict words that might be used in talking about architecture. You will fill in a chart by supplying examples of specific categories of words. The first three categories relate to words used in talking about architecture in general. The last two categories ask you to predict words that might be used in talking about architecture in France specifically.

Faisons des prédictions!

Completez le tableau qui suit à la page 376 avec des noms propres, des noms communs[1], des verbes et des adjectifs qui pourraient être utilisés dans ce segment. Faites attention aux modèles.

_____

[1]*common* (Quelques exemples de noms communs: «le livre», «l'écrivain», «la ville»; quelques exemples de noms propres: «*Les Misérables*», «Victor Hugo», «Paris».)

Mots associés à l'architecture en géneral					
Sortes de bâtiments et de monuments	Sur le segment?	Noms et verbes	Sur le segment?	Adjectifs	Sur le segment?
une église		la restauration construire		gothique	

Noms propres associés à l'architecture française			
Bâtiments et monuments	Sur le segment?	Quartiers, villes ou régions	Sur le segment?
Notre-Dame		Versailles la vallée de la Loire	

Name _____ Section _____ Date _____

Regardons!

Regardez **Impressions 9** de 1:10:42 à 1:13:27 avec audio.

Avez-vous compris?

1. «Dans les villes et villages de France _____ et

    _____ coexistent.»

2. «Des bâtiments publics du _____, des _____

    du moyen âge et des mairies anciennes font contraste aux _____ et aux

    _____.»

3. La restauration du vieux _____ de la Bastille a commencé en

    _____.

4. Le Palais Royal a connu de nombreuses _____.

Auto-évaluation

Maintenant, retournez au tableau à la page 376. Cochez (✓) les mots que vous avez entendus sur ce segment.

Après avoir regardé!

Avez-vous bien observé?

1. Comment est-ce qu'on épèle (*spell*) l'abréviation (le logo) pour «la loterie» en France?

    _____

2. Vous avez vu la page couverture d'un magazine sur cette vidéo. Lequel?

    _____

3. Quelle est l'adresse URL de l'Opéra de Paris? _____

4. De quelle couleur sont les camions de la poste en France? _____

Avant de regarder!

Regardez **Impressions 10** de 1:17:30 à 1:20:45 sans audio.

Réfléchissons-y!

Vous avez vu beaucoup de petits magasins dans ce segment. Indiquez l'ordre dans lequel ce segment présente ces petits magasins.

_____ un restaurant   _____ un magasin de produits surgelés

_____ une épicerie (fruiterie)   _____ un hypermarché

_____ une boucherie   _____ un supermarché

_____ un café fast-food   _____ un marché (en plein air)

_____ une charcuterie   _____ une crêperie

_____ une poissonnerie   _____ une fromagerie (laiterie)

_____ un bureau de tabac   _____ une boulangerie

Regardons!

A. Regardez **Impressions 10** de 1:17:30 à 1:18:36 avec audio.

Avez-vous compris?

1. Traditionnellement, on fait ses courses dans _____.

2. Pour acheter des _____ et des assiettes _____ on

   va à la charcuterie.

B. Regardez **Impressions 10** de 1:18:37 à 1:19:38 avec audio.

Avez-vous compris?

1. Autrefois, le _____ était à midi, _____.

2. Maintenant, le rythme de la vie _____: les _____

   sont plus pressés.

Name _____ Section _____ Date _____

C. Regardez **Impressions 10** de 1:19:38 à 1:20:45 avec audio.

Avez-vous compris?

1. Dans les années _____, les _____ sont devenus

    populaires en France, et puis les hypermarchés... des grands magasins,

    _____ ce Monoprix...

2. _____ on utilise beaucoup _____ à micro-ondes.

Après avoir regardé!

Analysons!

Vous avez, sans doute, remarqué que l'expression «faire des courses» n'a vraiment pas de bonne traduction en anglais. Pourquoi pas? Parce que, de nos jours (aujourd'hui), il y a très peu de petits commerçants de nourriture aux USA. Il est vrai qu'en France, on continue à s'adapter à faire ses courses à l'américaine dans les supermarchés. Quand même, on voit, même aujourd'hui, partout en France, les boutiques des petits commerçants.

A votre avis, pourquoi est-ce qu'on voit rarement ce genre de boutique aux USA, mais en France, elles existent toujours? Avez-vous une hypothèse (ou peut-être quelques-unes) qui explique ce phénomène?

_____

_____

_____

_____

_____

_____

CHAPITRE 15

Impressions 11: *Les hommes et les femmes*

In this video segment you will have the opportunity to learn about traditional gender roles and practices in Guadeloupe. You will also hear how modern Guadeloupe is both changing and staying the same in this domain.

Avant de regarder!

Regardez **Impressions 11** de 1:24:32 à 1:28:42 sans audio.

Réfléchissons-y!

You know that the topic of the video segment for this chapter is men and women («les hommes et les femmes»). Based on what you have seen of the video thus far and on your general knowledge of Guadaloupean history, predict three categories of vocabulary that might be used in this segment. Insert them as headings in the chart that follows. Next, think of at least three vocabulary items for each category that might be used in the segment. Follow the model.

Catégorie: la première rencontre

> *à l'école*
> *chez les parents*
> *s'admirer*
> *un coup de foudre*

Ma catégorie Nº 1	Sur le segment?	Ma catégorie Nº 2	Sur le segment?	Ma catégorie Nº 3	Sur le segment?

Auto-évaluation

Regardez les catégories que vous avez créées au tableau. Cochez (✓) les mots que vous avez entendus sur le segment.

Regardons!

A. Regardez **Impressions 11** de 1:24:32 à 1:25:40 avec audio.

Avez-vous compris?

1. En Guadeloupe, les rapports entre hommes et femmes sont...
   a. assez typiques.
   b. marqués par la tradition.
   c. égalitaires.

2. Elie a...
   a. quatre mères.
   b. douze frères et sœurs.
   c. un père.

3. En Guadeloupe, un verbe qui décrit que l'homme va un peu à gauche et un peu à droite (de sa femme légitime) est...
   a. procréer.
   b. décaser.
   c. papillonner.

4. En Guadeloupe, beaucoup d'hommes de la génération précédente...
   a. n'hésitaient pas à avoir des rapports avec d'autres femmes que leur épouse légitime.
   b. considéraient la femme comme une compagne.
   c. ne papillonnaient pas.

5. V   F   Dans la tradition esclave, la femme est là pour avoir les enfants.

B. Regardez **Impressions 11** de 1:25:40 à 1:26:47 avec audio.

Avez-vous compris?

1. V   F   L'expression «il va à gauche et à droite» fait référence à un homme marié qui trouve des maîtresses «à gauche et à droite» de sa femme légitime.

2. V   F   Aujourd'hui les femmes gagnent autant ou plus que les hommes en Guadeloupe.

3. Le rôle traditionnel de la femme était de procréer; le rôle de l'homme était d'être

   _____ et de satisfaire aux _____ de la famille.

4. Max trouve que les hommes ne sont pas valorisés dans leurs rapports au

   _____.

C. Regardez **Impressions 11** de 1:26:48 à 1:28:42 avec audio.

Avez-vous compris?

1. V F   Malika trouve que la présence d'une femme dans les entreprises
           traditionnellement réservées aux hommes n'est plus *«très particulière»*.

2. V F   Elle trouve que les rapports entre les hommes et les femmes au travail sont
           toujours un peu surveillés.

3. V F   Elle trouve que l'homme en Guadeloupe préfère que la femme s'occupe du
           ménage et des besoins familiaux.

4. V F   Elle trouve que la plupart des Guadeloupéens ont une perspective plutôt
           traditionnelle en ce qui concerne les rapports entre les sexes à cause d'un manque
           d'expérience avec des alternatives.

Après avoir regardé!

Qui a dit... ?

Remplissez les tirets avec le nom de la personne qui a dit le suivant. (Choisissez parmi Max, Elie, Marcelle
et Malika.)

_____   1. «La femme était quelqu'un qui était mis à côté de l'homme pour
                               faire de nouveaux petits enfants...»

_____   2. «Ben... madame est au foyer, et monsieur qui va un peu de droite et
                               de gauche...»

_____   3. «Mon père et ma mère étaient mariés, et mon père en bon Antillais,
                               avait des maîtresses...»

_____   4. «Chez les Antillais, la femme demande ce dont elle a besoin...»

_____   5. «Les hommes ont une position terrible dans ce pays-là.»

_____   6. «C'est même pas un problème de génération, hein?»

_____   7. «C'est vraiment un problème de culture et de ce qu'on veut pour soi.»

Analysons!

Vous avez lu un peu de l'histoire de la Guadeloupe, et dans cette vidéo, vous avez entendu les points de vu de plusieurs Guadeloupéens. A votre avis, dans quelles attitudes et pratiques, en particulier, est-ce qu'on voit aujourd'hui (dans les rapports entre les hommes et les femmes) l'effet de l'esclavage de leurs ancêtres?

_____

_____

_____

_____

_____

CHAPITRE 16

Module XI: *Le papillon*

In this segment, a foreigner finds out how to pay for a parking ticket in France. You will accompany him inside a **bureau de tabac**.

Avant de regarder!

A. Regardez **Module XI** de 1:20:52 à 1:24:31 sans audio.

Réfléchissons-y!

En vous basant seulement sur le visuel (ce que vous avez vu), essayez de mettre les citations suivantes en ordre chronologique.

_____ 1. «Dix petites minutes de retard, et voilà ce que je reçois!»

_____ 2. «Bon, il y a des contraventions à 75 francs, 230 francs et 450 francs.»

_____ 3. «Je vous souhaite une bonne journée, Monsieur.»

_____ 4. «Et puis comment est-ce que je vais payer ça?»

B. Si vous en avez besoin, regardez **Module XI** de 1:20:52 à 1:24:31 sans audio encore une fois, avant de répondre aux questions suivantes.

Réfléchissons-y!

En vous basant sur ce que vous avez vu, maintenant choisissez les citations suivantes que sont probablement tirées du **Module XI**.

_____ 1. «Mais oui, bien sûr. Vous traversez le pont et vous prenez la première à droite, et c'est tout de suite derrière le grand bâtiment.»

_____ 2. «Mais, je vous en prie, Monsieur.»

_____ 3. «Merci. Au revoir.»

_____ 4. «Il fait beau aujourd'hui, n'est-ce pas?»

_____ 5. «Comment vous appelez-vous?»

_____ 6. «Un timbre fiscal à 75 francs, s'il vous plaît.»

_____ 7. «Ah, mais... vous n'avez pas de chance, elle est fermée depuis un quart d'heure.»

_____ 8. «De rien, Madame.»

Aperçu culturel

La France compte environ un peu plus d'un million de places de stationnement payant. Pour stationner dans ces places, il faut s'acheter un ticket (normalement on l'achète en mettant un peu de monnaie dans un parcmètre). Si on néglige de s'en acheter un ou si on retourne à sa voiture en retard, on risque de recevoir une contravention. (Si la contravention est pliée et mise sous l'essuie-glace de la voiture, on l'appelle, souvent, «un papillon».) On peut payer la contravention en s'achetant un timbre fiscal (pas un timbre-poste!) dans un bureau de tabac. Le conducteur attache le timbre à sa contravention, ce qui prouve aux autorités qu'il a payé sa dette à la société!

Regardons!

A. Regardez **Module XI** de 1:20:52 à 1:21:44 avec audio.

Avez-vous compris?

1. V   F   Ce conducteur est probablement de nationalité suisse.

2. V   F   Ce conducteur conduit souvent en France.

B. Regardez **Module XI** de 1:21:44 à 1:22:24 avec audio.

Avez-vous compris?

1. V   F   Ce conducteur a de la chance, parce que sa contravention est la moins chère possible.

2. V   F   Ce conducteur a honte de payer sa contravention dans un bureau de tabac parce qu'il ne fume pas.

Name _____ Section _____ Date _____

C. Regardez **Module XI** de 1:22:25 à 1:24:01 avec audio.

Avez-vous compris?

1. V   F   Le conducteur achète un timbre fiscal à 65 francs.

2. V   F   Son infraction est dix minutes de stationnement sans paiement.

3. V   F   L'employé du bureau de tabac est choqué que le conducteur doit payer 75 francs.

4. Cochez les noms des choses que l'on peut acheter au bureau de tabac:

   _____ des timbres-poste   _____ des stylos

   _____ des tablettes de chocolat   _____ des timbres fiscaux

   _____ des carnets de métro   _____ des billets Loto

   _____ un verre de rosé   _____ du café

   _____ des œufs   _____ des permis de conduire

   _____ des magazines   _____ des journaux

D. Regardez **Module XI** de 1:24:02 à 1:24:31 avec audio.

Avez-vous compris?

1. V   F   Moustafa n'est pas content d'aider le conducteur.

2. V   F   Moustafa lui dit qu'on peut acheter des timbres au bureau de poste.

3. V   F   Le bureau de poste va ouvrir dans quinze minutes.

Après avoir regardé!

Analysons!

On a déjà vu que dans la langue parlée et familière, il y a souvent des ellipses (des mots qu'on laisse tomber). Regardez les échanges qui suivent, et écrivez des phrases en ajoutant les mots qui manquent.

1. Au bureau de tabac, on entend:

   CONDUCTEUR: «*Merci. Au revoir.*»
   EMPLOYÉ: «*C'est moi. Au revoir.*»

   Ecrivez la deuxième phrase en français formel.

   _____

2. Quand il donne des directions au bureau de poste, Moustafa dit:

   «*Mais oui, bien sûr. Vous traversez le pont et vous prenez la première à droite, et c'est tout de suite derrière le grand bâtiment.*»

   Y a-t-il un (des) mot(s) supprimé(s)? Le(s)quel(s)?

   _____

CHAPITRE 17

Module XII: *La Fête de la musique*

In this segment, several friends meet at the music festival in Paris.

Avant de regarder!

Regardez **Module XII** de 1:28:42 à 1:32:28 sans audio.

Réfléchissons-y!

Rangez les constituants du dialogue suivant par ordre chronologique.

_____ ALISSA: «Eh! C'est sympa ça. Vous avez regardé? C'est vraiment bien. Ils jouent vraiment bien. Restez, ils vont commencer.»

_____ YVES: «Salut, Betty.»
         BETTY: «Ah, salut.»

_____ BETTY: «C'est formidable; on va danser?»

_____ ALISSA: «Bon OK, on s'appelle? Allez, bisous. Tchao, les mecs!»

Regardons!

A. Regardez **Module XII** de 1:28:42 à 1:30:37 avec audio.

Avez-vous compris?

1. V   F   Moustafa et Yves partent parce qu'ils vont retrouver une amie.

2. V   F   Bruno dit que Moustafa est beau parce qu'Alissa veut sortir avec lui.

B. Regardez **Module XII** de 1:30:38 à 1:31:27 avec audio.

Avez-vous compris?

1. V   F   Betty explique la Fête de la musique à Yves et à Moustafa.

2. V   F   Moustafa invite Betty à danser.

C. Regardez **Module XII** de 1:31:28 à 1:32:28 avec audio.

Avez-vous compris?

1. V F   Betty et Moustafa aiment bien la musique du guitariste.

2. V F   Yves n'aime pas sa musique.

3. V F   Betty demande au musicien l'heure de leur concert prochain.

Après avoir regardé!

Qui a dit... ?

Indiquez la personne qui a dit le suivant.

1. *«Ah, regarde comment il est beau!»*
   a. Moustafa   d. Alissa
   b. Yves   e. Betty
   c. Bruno

2. *«On va retrouver une copine à un autre concert.»*
   a. Moustafa   d. Alissa
   b. Yves   e. Betty
   c. Bruno

3. *«Ah, moi, avec la musique, ça va toujours bien.»*
   a. Moustafa   d. Alissa
   b. Yves   e. Betty
   c. Bruno

4. *«C'est formidable. Mais dis-moi, comment tu sais à quelle heure et dans quel endroit chaque concert avait lieu?»*
   a. Moustafa   d. Alissa
   b. Yves   e. Betty
   c. Bruno

5. *«Si on allait leur dire qu'on a aimé leur concert?»*
   a. Moustafa   d. Alissa
   b. Yves   e. Betty
   c. Bruno

6. *«Et à quelle heure ça passe?»*
   a. Moustafa   d. Alissa
   b. Yves   e. Betty
   c. Bruno

CHAPITRE 18

Impressions 12: *C'est la vie!*

Throughout this videotape, you have had a chance to see how the French in the **métropole** and French Guadaloupeans live and think. In this final segment, we will revisit France and Guadeloupe, and take a look at some other francophone countries and territories.

Avant de regarder!

Réfléchissons-y!

Faites une liste de tous les pays et régions francophones (où l'on parle français) dans le monde que vous connaissez et dont vous vous souvenez.

PAYS FRANCOPHONES	RÉGIONS FRANCOPHONES
_____	_____
_____	_____
_____	_____
_____	_____
_____	_____
_____	_____
_____	
_____	

Regardez **Impressions 12** de 1:32:29 à 1:35:17 sans audio.

Analysons!

Retournez à votre liste et ajoutez les pays et les régions que vous avez oubliés, et qui sont traités dans ce segment.

Quand vous aurez fini, ouvrez votre livre de classe à la première page (la garde de tête [*inside front cover*]), et comparez vos réponses aux cartes.

Regardons!

A. Regardez **Impressions 12** de 1:32:29 à 1:33:35 avec audio.

Avez-vous compris?

1. Il est évident que la France _____ .

2. On voit ce phénomène dans quels domaines?
   a. Dans la vie de tous les jours.
   b. Dans l'architecture.
   c. Dans les institutions.
   d. a, b et c

3. Mais quand même, il y a un bon nombre de _____ qui restent les mêmes.

4. Alors, il y a un proverbe français qui s'applique très bien à ces observations. Lequel?

   Plus _____ .

B. Regardez **Impressions 12** de 1:33:36 à 1:34:39 avec audio.

Avez-vous compris?

1. V   F   Jean-Luc pense qu'en Guadeloupe, on a de la chance de jouir d'un climat tropique.

2. V   F   Il trouve que la vie est assez difficile, quand même.

3. V   F   Sylvie dit qu'elle profite de ce que la vie lui donne.

4. V   F   Selon Viviane, la philosophie de la vie en Guadeloupe, c'est de vivre dans le passé.

C. Regardez **Module XII** de 1:34:40 à 1:37:17 avec audio.

Avez-vous compris?

1. V   F   Malika est contente même si elle est obligée de travailler pour vivre.

2. V   F   Elie pense que la famille est le centre de la vie.

3. V   F   Samuel n'est pas satisfait de l'équilibre qui existe entre sa vie privée et sa vie professionnelle.

Après avoir regardé!

Analysons!

«Plus ça change, plus c'est la même chose.»

Au cours de votre étude de cette bande vidéo, vous avez vu beaucoup de commentaires sur le monde francophone. En particulier, vous avez eu l'occasion de connaître beaucoup mieux la France et la Guadeloupe. Choisissez trois domaines de la liste suivante, et donnez un exemple pratique du fait que le proverbe en haut est juste.

les transports
les loisirs
la cuisine
la famille
le commerce
les voyages
le logement
le système éducatif
les rapports entre hommes et femmes
l'architecture
les fêtes
la vie quotidienne

_____

_____

_____

_____

_____

_____

_____

_____